Claudia Terporten

Ratgeber Adoption

Von Kinderwunsch, Wunschkind und Wirklichkeit

RATGEBER

für Angehörige, Betroffene und Fachleute

Genderhinweis: Aus Gründen der leichteren Lesbarkeit wurde überwiegend die männliche Sprachform verwendet. Dies bedeutet jedoch keine Benachteiligung des weiblichen/dritten Geschlechts, sondern soll im Sinne der sprachlichen Vereinfachung als geschlechtsneutral zu verstehen sein.

Claudia Terporten

Ratgeber Adoption

Von Kinderwunsch, Wunschkind und Wirklichkeit

Schulz-Kirchner Verlag

Bibliografische Information der Deutschen Bibliothek
Die Deutsche Bibliothek verzeichnet diese Publikation in der Deutschen Nationalbibliografie; detaillierte bibliografische Daten sind im Internet über http://dnb.ddb.de abrufbar.

1. Auflage 2023
ISBN 978-3-8248-1317-9
eISBN 978-3-8248-9866-4

Mollweg 2, D-65510 Idstein
Vertretungsberechtigte Geschäftsführer:
Dr. Ullrich Schulz-Kirchner, Martina Schulz-Kirchner
Titelfoto: © New Africa – Adobe Stock
Filmicon Seite 40: © sdecoret – Adobe Stock
Herstellung: Susanne Koch
Druck und Bindung: Plump Druck & Medien, Rolandsecker Weg 33, 53619 Rheinbreitbach
Printed in Germany

Inhalt

Vorwort

„If you have the heart for adoption, don't let fear stand in the way." [1]
(National Adoption Center)

Die Beschreibung einer Adoption wird durch das leicht überstrapazierte Bild von einer Reise wohl am besten getroffen:

Eine Adoption gleicht einer Reise. Du hast ein Ziel im Sinn, aber es kann Umwege geben und letztlich weißt du nicht, ob und wann du in welcher Verfassung ankommst. Du reist nicht allein, aber wie sich deine Gefährten entwickeln und wem du begegnest, kann dir niemand vorhersagen. Du kannst die Reise im Inland oder im Ausland unternehmen. Was andere von ihr halten, von ihrem Zeitpunkt oder Ziel, von deiner Herangehensweise oder deiner Vorstellung von ihrem Gewinn, ist völlig unerheblich. Die Reise ist pauschal, aber nicht im Sinne von „vorbereitet" und „geebnet", sondern im Sinne von „alles kann vorkommen", und du kannst nicht ohne Konsequenzen spontan umkehren. Sie ist „all inclusive", aber nicht im Sinne von „alles wird automatisch geregelt und ausreichend zur Verfügung gestellt", sondern im Sinne von „um alles musst du dich kümmern, und das rund um die Uhr". Du kannst zur Vorbereitung einen Reiseführer lesen, der dir (Insider-)Tipps und (Geheim-)Empfehlungen gibt, wie du jedoch die Situation vor Ort konkret antriffst und empfindest, kann er dir nicht sagen. Manche erleben die Reise unbeschwert als reibungslos und leicht, andere erfahren Komplikationen und müssen sich anstrengen, um weiterzukommen und durchzuhalten. Einige Reisende verletzen sich sogar und brauchen Hilfe, um wieder fest auf den Füßen zu stehen, oder sie verfluchen die Umstände, die zu dem Dilemma führten. Unterwegs wird es Berge und Täler, Dürren und Überschwemmungen, Flaute und Sturm geben, aus allen Bedingungen musst du das Beste machen – und es ist dir überlassen, wie du es angehst. Es gibt kein „Richtig" oder „Falsch", nur du entscheidest, ob du dich auf die Reise begeben möchtest. Auch wen du wann über deine Pläne informierst, liegt allein in deiner Hand. Wenn du auf Widerstand stößt, kannst du dich trotzdem aufmachen ...

If you have the heart for travelling, you won't let fear stand in the way. [2]

1 *„Wenn Ihr das Herz zum Adoptieren habt, lasst Euch nicht den Weg von Angst versprerren."*

2 *„Wenn Ihr das Herz zum Reisen habt, werdet Ihr Euch nicht den Weg von Angst versprerren lassen."*

Der Kinderwunsch

„Du kannst doch nichts dafür. Nein, warte. Wir können nichts dafür. Das ist doch kein Grund zu weinen. Es wird schon! Wand. Noch ein Ziegel und noch einer. Bald werden wir uns nicht mehr sehen können.“ (Klemm, 2016, Seite 54)

Der Wunsch nach einem Kind ist urtümlich, irrational und grenzenlos. Kinder sind teuer (wunscherfüllt), anstrengend (ideenreich), laut (kraftvoll), penetrant (zielstrebig), fordernd (willensstark). Sie haben viel Energie, ihre eigenen Bedürfnisse – **Sofort!** – durchzusetzen, die oft im krassen Widerspruch zu denen ihrer Eltern stehen. Selten sind sie dann müde – **Nie!** –, wenn ihre Eltern sich wünschen, dass sie schlafen sollen, vorzugsweise abends und nachts. Wenn sie Hunger haben – **Jetzt!** – , sind die Zeiten oft unkonventionell und das gewünschte Nahrungsmittel ist es ebenfalls. Für Jahre geben Eltern ihre Selbstbestimmtheit auf, übernehmen eine grenzenlose Verantwortung und beschäftigen sich mit Millionen Varianten von Millionen Kinderviren. Sie waschen, putzen, kochen, heben hoch, tragen nach, räumen auf, entsorgen, besorgen, versorgen, trösten, beschwichtigen, erklären, werfen theoretische Erziehungskonzepte über den Haufen und suchen den besten Weg, in der Realität zurechtzukommen. All das kann den Wunsch nach einem Kind nicht entkräften, alles Wissen darum stillt die Sehnsucht nicht. Die Vorstellung, ein kleines Wesen in den Arm nehmen zu dürfen, das irgendwann „Mama“ oder „Papa“ sagen wird, überlagert in der Phase des Kinderwunsches alle Einwände, Bedenken und abschreckenden Beispiele.

Ungewollte Kinderlosigkeit

„Na, wann ist es denn bei euch so weit?“
„Platz genug habt ihr ja!“
„Vielleicht wollt ihr es auch zu verbissen?“
„Fahrt doch mal in Urlaub und entspannt euch!“
„Bist du nicht jetzt auch schon über dreißig?“

Die Top Five der Fragen, Ratschläge und Kommentare ließen sich mühelos zu den Top 100 fortführen. Vergeht Monat um Monat des vergeblichen Wartens auf das Entstehen einer Schwangerschaft, summieren sich neben dem wachsenden inneren Druck solche Erfahrungen mit dem Umfeld. Unbedachtheit, pure Neugier, ein ungeschickter Gesprächseinstieg, mangelndes Fingerspitzengefühl oder Persönlichkeitsgrenzen überschreitendes

Einmischen führen dazu. Was Bekannte, Kollegen oder auch Familienmitglieder damit anrichten, ist ihnen oft gar nicht bewusst: In der Phase des sich nicht erfüllenden Kinderwunsches sind vor allem die Frauen höchst angespannt, sehr empfindlich und oft traurig. Das Gefühl der Ungerechtigkeit nagt, die Funktionsfähigkeit des eigenen Körpers wird angezweifelt, und die Suche nach dem Sinn dieser Erfahrung ist kräftezehrend. Die Frage „*Warum gerade wir?*" ist nicht zu vermeiden. Das belastet die Partnerschaft – auch weil Sex jegliche Spontaneität verliert, nichts mehr mit Lust zu tun hat und nur noch zielorientiert und exakt terminiert stattfindet. Die Gedanken sind oft sowieso woanders, und es fällt schwer, der Verzweiflung und Hoffnungslosigkeit etwas Gleichwertiges entgegenzusetzen. Füreinander offenzubleiben und nicht eine Schutzwand um sich herum aufzubauen, erfordert Bemühen. Wenn rundherum die Familien wachsen und sich Freunde, Verwandte, Bekannte, Kollegen und Nachbarn scheinbar mühelos fortpflanzen, wird nicht Neid, sondern Mitfreude und Bewunderung erwartet – ein schwieriger Balanceakt für jemanden, der ohnehin in seinem Leben gerade strauchelt.

„*In Deutschland sind etwa 15 % aller Paare von ungewollter Kinderlosigkeit betroffen – die Dunkelziffer liegt aber weitaus höher.*" (Frauenärzte im Netz)

Wenn nach mindestens einem Jahr verhütungsfreier Sexualität keine Schwangerschaft eingetreten ist, wird oft eine Diagnostik angeraten. Ist diese mit ihren zahlreichen Möglichkeiten durchlaufen und liegt ein medizinisch erklärbares Ergebnis vor, begeben sich viele Paare in die Hände der Reproduktionsmedizin. Mit den Methoden der Hormonstimulation, der IVF (In-Vitro-Fertilisation), der ICSI (Intrazytoplasmatische Spermieninjektion), dem Assisted Hatching (deutsch: Schlüpfhilfe. Verfahren, das den Embryo beim Durchbrechen der schützenden Eihülle unterstützt) und allem, was sonst noch kontinuierlich an Extras zur Erhöhung der Erfolgsaussichten bei künstlicher Befruchtung auf den Markt kommt, wird vielfach der Weg zum eigenen Kind ermöglicht. Trotzdem fallen Paare durch das Raster, weil die Behandlungen bei ihnen aus medizinisch nicht erklärbaren Gründen fehlschlagen. Extreme Stimmungsschwankungen, Kopf- und Unterleibsschmerzen, logistisch schwierige Umstände wegen kaum beeinflussbaren Terminen während der Behandlung und sogar Fehlgeburten halten zwar nicht zwangsläufig von wiederholten medizinisch gesteuerten Versuchen ab, dennoch können sie vergebens bleiben. Welchen Anteil die Psyche am Erfolg der Behandlungen hat, ist nicht eindeutig zu klären. Aber selbst wenn wissenschaftlich nachgewiesen würde, dass Gelassenheit und Entspannung die Aussicht auf das Zustandekommen und Gelingen einer Schwangerschaft erhöhen, ließen sie sich nicht erzwingen, und unter den Lebensumständen der Frau in einem reproduktionsmedizinisch unterstützten Zyklus liegt kaum etwas ferner.

Jemanden in den strömenden Regen spazieren zu schicken mit der wohlgemeinten Aufforderung, auf jeden Fall trocken zurückzukehren, ist vergleichbar sinnvoll.

Wenn ein Paar gemeinsam beschlossen hat, die Versuche, auf künstlichem Wege ein leibliches Kind zu bekommen, zu beenden, steht eine Trauerphase an. Dieser endgültige Abschied, die Enttäuschung und der Schmerz über die Kinderlosigkeit müssen zugelassen und ausgelebt werden (dürfen). Wenn mehr als ein Traum zerplatzt ist, ein fest eingeplantes Lebensziel nicht erreicht wurde und das Gerüst komplett erschüttert worden ist, kann das nicht übergangen und einfach abgehakt werden. Das ist, trotz der wachsenden Anzahl der Betroffenen, immer noch tabuisiert, was die Situation zusätzlich erschwert. Wie anstrengend ist es, abgrundtief traurig zu sein und trotzdem nach außen weiter zu funktionieren – und dabei auch noch den Grund für das Leid geheim halten zu müssen? *„Es wird immer gleich ein wenig anders, wenn man es ausspricht“* (H. Hesse). Und trotzdem tun es die meisten nicht.

Erst wenn die Trauerphase durchlaufen und der Blick wieder für andere Perspektiven geöffnet ist, wird überhaupt der Gedanke an Adoption ins Spiel kommen. Sind das Gefühl des Entbehrens und die Trauer als innere Bestandteile, die für immer zum Leben dazugehören werden, akzeptiert, kann etwas Neues erwogen werden.
Das ist wichtig, denn Adoption ist kein „Anstatt“, sondern ein ganz anderer, eigenständiger Weg. Niemand kann sich damit etwas Verlorenes zurückholen, Ersehntes ersetzen oder Erwartetes erhalten. Adoption ist **neu** und **anders** und **unvergleichlich!**

Adoptionswunsch ohne ungewollte Kinderlosigkeit

Es gibt Menschen, die zu einem eigenen oder mehreren eigenen Kindern noch ein Kind oder mehrere Kinder adoptieren möchten. Manche Frauen haben schon früh die Vorstellung, dass sie ein Kind selbst auf die Welt bringen und eines annehmen möchten. Vielleicht sind die Gründe dafür in einem humanitären Anliegen verwurzelt, das besagt: *„Ich möchte noch einem anderen Kind die Chance geben, unter den Bedingungen aufzuwachsen, die ich meinem leiblichen Kind geben werde.“* Oder sie entspringen einer Art Dankbarkeit, selbst das Wunder einer Schwangerschaft und Geburt erlebt haben zu dürfen, und etwas von diesem Geschenk weitergeben zu wollen. Wenn eine Frau selbst keine weitere Schwangerschaft mehr auf sich nehmen kann oder will, kann auch der Wunsch nach einer großen Familie, mit der immer eine Menge Leben und Abwechslung im Haus ist, die Geschwisterbeziehungen ermöglicht und Rollen anders gewichtet, den Ausschlag geben.

Und natürlich gibt es Paare, die aus unterschiedlichen Gründen von vorneherein wissen, dass sie biologisch kein gemeinsames Kind haben können. Das kann z. B. bei einem sehr großen Altersunterschied zwischen Partnern zum Tragen kommen oder bei homosexuellen Paaren. Für sie gelten genau die gleichen Vorschriften und Bedingungen zur Adoption wie für heterosexuelle Paare, die im Folgenden ausgeführt werden.

Möglichkeiten der gedanklichen Vorbereitung auf eine Adoption

In der Literatur finden sich unterschiedliche Modelle von Fragebögen oder Zusammenstellungen von Impulsen, die Paare in ihrem Entscheidungsprozess, ob eine Adoption für sie der richtige Weg sein könnte, miteinander durchdenken können. Sie sollen dabei Anregungen erhalten, um ins Gespräch zu kommen und Aspekte in den Blick zu nehmen, die bisher vielleicht außer Acht blieben. Nicht nur offensichtlich adoptionsbezogene Überlegungen spielen dabei eine Rolle. Es geht um grundsätzliche Einstellungen, Werte, Prioritäten und Lebensentwürfe – denn immer ist es auch eine Option, sich letztlich für ein Leben ohne Kinder zu entscheiden.

Im „Praxisbuch Adoption“ (Haury, K. et al., 2020) finden sich z. B. jeweils am Ende eines Kapitels „Reflexionsfragen“, mit denen man anhand einer Skala von 1 bis 10 eine Selbsteinschätzung zu verschiedenen Vorstellungen, Wünschen, Situationen u. a. vornehmen kann. Auch im Buch „Kinderwunsch“ (Wallraff, D. et al., 2022) findet sich ein Fragebogen (S. 209 ff), der viele Sichtweisen und Strategien beleuchtet. Ein gedankliches Durchspielen kann eine tragfähige gemeinsame Entscheidung unterstützen.

Mir erscheinen folgende Punkte zentral:

- Welches sind die wesentlichen Werte in meinem Leben? Welche davon erwarte ich unbedingt auch bei meinen liebsten Menschen?
- Welche Eigenschaften und Defizite stören mich allgemein bei Menschen? Über welche Verhaltensweisen kann ich kaum hinwegsehen?
- Wie viel macht es mir aus, meine eigenen Vorstellungen nicht durchzusetzen? Kann ich verzichten und mich zurücknehmen?
- Wie viel Durchhaltevermögen besitze ich? Gebe ich auf, wenn ich an meine Grenzen stoße? Oder mache ich um jeden Preis weiter?
- Wie viel Planungssicherheit benötige ich? Wie kann ich mit Spontaneität und Unvorhergesehenem umgehen? Wie wichtig ist mir Ordnung?
- Was macht mein Leben zu einem „guten“ Leben? Was macht mir Freude, wobei entspanne ich mich, in was kann ich mich vertiefen?

- Wie stabil ist unsere Partnerschaft? Wie gehen wir mit Konflikten um? Treten manche Streitpunkte immer wieder auf? Finden wir Lösungen und Kompromisse?
- Welche Erwartungen habe ich an mich und an meine Partnerin bzw. an meinen Partner als Elternteil? Wie möchte ich sein? Was sollte sie oder er tun? Was sollte auf jeden Fall in unserer Partnerschaft erhalten bleiben?
- Welche Menschen gibt es, die mich jederzeit unterstützen? Wer ist bereit, bei allen meinen Plänen für mich da zu sein? Wer hilft mir bei Schwierigkeiten?
- Wie wichtig ist mir die Wahrung meiner Privatsphäre? Kann ich indiskrete Menschen freundlich, aber bestimmt in ihre Schranken weisen? Kann ich es aushalten, mich von anderen abzugrenzen?
- Wie fühle ich mich, wenn ich meinem Kind etwas über seine Herkunft erzählen soll? Finde ich angemessene Worte über die leiblichen Eltern? Bleibe ich bei Nachfragen geduldig und verständnisvoll?
- Kann ich Wut, Trauer und Vorwürfe aushalten? Wie gehe ich damit um, eine Situation und deren Folgen auszuhalten, auf die ich keinen Einfluss hatte?

All diese Fragen müssen und können weder vollständig noch chronologisch oder unbedingt beantwortet werden. Sie bilden die Ausgangspunkte, um zu reflektieren, Vorstellungen realistisch nachzuspüren, eventuellen eigenen Verklärungen auf die Schliche zu kommen und eine große Bandbreite von Persönlichkeitsmerkmalen, Zielen und Bedingungen zu berücksichtigen, denen man sich im Leben mit Kindern unausweichlich stellen muss.

| Der Bewerbungsprozess

„Adoptieren heißt: sich erklären. Das ist der erste Schritt. Es ist doch logisch, erkläre ich. Da gibt es Kinder, die haben keine Eltern und da gibt es Eltern, die haben keine Kinder.“

(Klemm, 2016, Seite 69)

Adoptionsvermittlungsstellen

Dass ein Kind keine erfolgversprechende Option zur Rettung einer Beziehung, zur Verwirklichung eigener versäumter Ideale oder die personifizierte lebenslängliche Dankbarkeit ist, sollte jedem klar sein. Spätestens 24 Stunden mit der alleinigen, vollständigen Verantwortung für ein krankes Kleinkind oder ein Wochenende mit einem Teenager in der Hochphase der Pubertät zeigt das jedem Paar. Die Motive, ein Kind annehmen zu wollen, werden aber von den Adoptionsvermittlungsstellen erfragt und dokumentiert.

An wen auch immer man sich wendet, wenn man sich um eine Adoption bewerben möchte, wird man darum als Erstes der überall geltenden Devise begegnen: *„Wir suchen Eltern für ein Kind, nicht ein Kind für Eltern“*. Das hört sich vielleicht überflüssig an, so explizit und betont, trifft aber den wesentlichen Kern der Sache: Wenn man sich ein Kind wünscht und schwanger wird, fragt in der Regel niemand nach, wie naiv, egoistisch motiviert oder qualifiziert der Kinderwunsch ist, ob er zur Lebenssituation und in die Partnerschaft passt. Wenn man sich aber um eine Adoption bemüht, muss man sich diesen Überlegungen stellen. Das Wohl des Kindes ist das höchste Gut, und darum sollen, so gründlich es nur machbar ist, vorab die prüfbaren Voraussetzungen geklärt werden.

Nur über offiziell zugelassene Stellen ist eine rechtsgültige Adoption möglich. Es gibt **Adoptionsvermittlungsstellen**

- bei den Jugendämtern der Städte und/oder Kreise,
- in kirchlicher Trägerschaft (z. B. Diakonie als evangelische, Caritas als katholische Anlaufstelle),
- in freier Trägerschaft.

Die Bewerbung bei einer Adoptionsvermittlungsstelle ist ein bürokratischer, dokumentenreicher, zeitaufwendiger Akt.

Das Verfahren

Für eine Adoption müssen die Bewerber laut Bundesministerium für Familie, Senioren, Frauen und Jugend folgende Voraussetzungen erfüllen:

- Sie müssen nach deutschem Recht unbeschränkt geschäftsfähig sein.
- Sie müssen mindestens 25 Jahre alt sein. Bei verheirateten Paaren muss mindestens ein Ehepartner 25 Jahre alt sein, der andere mindestens 21 Jahre.
- Ein Höchstalter für Adoptiveltern ist nicht vorgeschrieben. Der Altersunterschied zum Adoptivkind sollte jedoch einem natürlichen Abstand entsprechen.
- Für Alleinstehende gelten ebenfalls diese Voraussetzungen, also: unbeschränkte Geschäftsfähigkeit, Mindestalter von 25 Jahren, natürlicher Altersabstand zum Adoptivkind.

Das bedeutet, dass die Adoption eines Säuglings für Adoptierende ab einem Alter von höchstens 40 Jahren immer unwahrscheinlicher wird. Bis ein Alleinstehender oder ein Paar sich zur Adoption entschließt und sich dann in den Bewerbungs- und damit Warteprozess begibt, haben sie in der Regel das Alter von 30 Jahren weit überschritten.

Eignungsprüfung

Die Eignung der Adoptionsbewerber wird nach folgenden Kriterien überprüft:

- **Persönlichkeit** – Dazu zählen etwa die Motivation der Bewerber zur Adoption, die Fähigkeit, sich auf das Kind einzulassen, Toleranz, Bereitschaft zur Aufklärung des Kindes über seine Abstammung und zum kontinuierlich offenen Umgang mit der Vorgeschichte des Kindes.
- **Partnerschaftliche Stabilität** – Für ein Kind ist es wichtig, in einer stabilen Partnerschaft aufzuwachsen. Wichtig ist, dass die Bewerber eine gute gemeinsame Grundlage in ihrer Partnerschaft haben und wissen, wie sie konstruktiv mit Konflikten umgehen können.
- **Bereitschaft zum offenen Umgang mit der Adoption** – Die Bewerber sollten bereit sein, das Kind über seine Herkunft aufzuklären und mit diesem Thema offen umzugehen.

- **Gesundheit** – Die Bewerber sollten körperlich und geistig gesund sein, damit sichergestellt ist, dass sie lange für das Kind sorgen können.
- **Erziehungsvorstellungen** – Die Bewerber sollten sich mit ihren Vorstellungen von Erziehung auseinandersetzen. Es gilt, die selbst erlebte Erziehung nicht unreflektiert auf das Kind zu übertragen.
- **Wohnverhältnisse** – Der Wohnraum sollte ausreichend groß sein, sodass das Kind die Möglichkeit hat, sich in einem eigenen Spiel- und Lebensbereich zu entfalten. Im Wohnumfeld sollte der Kontakt zu anderen Kindern möglich sein.
- **Wirtschaftliche Verhältnisse** – Die Bewerber müssen den Nachweis erbringen, dass das Kind in einer wirtschaftlich stabilen Situation aufwachsen kann.

(Quelle: https://familienportal.de/familienportal/lebenslagen/kinderwunsch-adoption/adoption#anchor-link-1-125928)

Um diese Voraussetzungen abzuklären, gibt es Fragenkataloge und normierte Vorgehensweisen der Adoptionsvermittlungsstellen, anhand derer sie die Bewerber einschätzen. Mittlerweile ist es zulässig, sich bei mehreren Adoptionsvermittlungsstellen gleichzeitig zu bewerben, um die Chancen auf eine schnellere Vermittlung zu erhöhen. Da sich jede Stelle jedoch vorrangig lokal orientiert und vor Ort arbeitet, kann man dadurch nicht auf einen zügigeren Erfolg setzen.

Seit dem 01. Oktober 2017 ist die sexuelle Orientierung für eine Adoption unbedeutend. Für gleichgeschlechtliche Ehepaare und eingetragene gleichgeschlechtliche Lebenspartnerschaften gelten die gleichen Rechte und Vorschriften wie für gemischtgeschlechtliche (s. dazu auch den Abschnitt zur *Sukzessivadoption* auf S. 16). **!**

Benötigte Dokumente

Von jedem einzelnen Bewerber müssen folgende Dokumente vorgelegt werden:

- ein ausführlicher Lebenslauf,
- eine Geburtsurkunde,
- ein Gesundheitszeugnis,
- ein erweitertes polizeiliches Führungszeugnis,
- Einkommensnachweise,
- bei verheirateten Paaren die Heiratsurkunde oder ggfs. eine Lebenspartnerschaftsurkunde.

! Bei Paaren, die nicht verheiratet sind, aber in einer eingetragenen Lebenspartnerschaft leben, ist eine **Sukzessivadoption** möglich. D. h., die Adoption erfolgt in zwei Schritten: Zunächst adoptiert ein Partner, später nimmt der andere Partner das bereits adoptierte Kind an.

Zur **„Eignungsprüfung“**, die abschließend in einem teilweise „Sozialbericht“ genannten Schriftstück zusammengefasst wird, gehören außerdem Gespräche mit den Fachangestellten (meist Sozialpädagoginnen) der Vermittlungsstellen. Der Verlauf der Gespräche wird protokolliert und die Ergebnisse dokumentiert. Dennoch ist die Stabilität einer Partnerschaft eine Größe, die im punktuellen Gesprächseindruck auch bei guter Menschenkenntnis nicht zwangsläufig ersichtlich ist. Auch Erziehungsvorstellungen sind eher spekulativ und können nur als solche dargestellt werden, solange es noch niemanden zu erziehen gilt. Die Einstellung zum offenen Umgang mit der Herkunft des Kindes von Beginn an ist theoretisch abfragbar, wie sie in der Realität gelebt wird, zeigt sich ebenfalls erst später. So sind Erfahrung der Fachkräfte, ihr pädagogisches und psychologisches Wissen und ihre Empathie sicher wertvolle Qualifikationen, um in einem Gutachten über die Eignung von Bewerbern zu urteilen. Da es vorgeschriebener Bestandteil des Prozesses ist, werden Paare sicher Wert auf die Verschriftlichung ihrer unbedenklichen Eignung legen. Meiner Meinung nach sollten sich jedoch Adoptionsbewerber nicht zu viele Gedanken um ihre Außenwirkung machen; für viel wichtiger halte ich die feste innere Überzeugung, es gemeinsam schaffen zu können, sich nicht von Aussagen über geringe Aussichten (*„Es gibt viel mehr Bewerber als zu vermittelnde Kinder.“*) und womöglich lange Wartezeiten abschrecken zu lassen und als Paar die Zeit mit realistischen Erwartungen, heil und mit Lebensqualität gefüllt durchzustehen.

John Bowlby, der in den 1950er-Jahren die Bindungstheorie begründete, beschrieb genau diese Problematik schon 1953 sehr ähnlich:
„Wie kann der Sozialarbeiter die wahren Motive der Eltern herausfinden?“ (Bowlby, 1953)
Nach Ausführungen zu möglichen Gelegenheiten und Gesprächsinhalten kommt er zu dem Schluss:
„Und Familien, die gern mit dem Sozialarbeiter in Beziehung traten, die den Wunsch der Vermittlungsstelle anerkannten, gute Eltern für die Kinder zu wählen, und Verständnis für menschliches Versagen, für Probleme und Unvollkommenheiten aufbrachten, waren oft als Adoptiveltern durchaus geeignet ... Die Frage ist vielmehr, wie sie mit Enttäuschungen fertig werden; und wie sie dennoch liebevolle Eltern bleiben können, die mit ihrer Elternschaft zufrieden sind. Eine Sache wie „Adoption mit Garantie“ gibt es leider nicht; ...“ (ebd.,S. 108).

Am Ende dieses Abschnittes auf dem Weg zum Adoptivkind teilt die Vermittlungsstelle in einem Gespräch den Bewerbern mit, ob sie für eine Adoption als geeignet befunden wurden. Bei Eignung kommen sie auf die Warteliste der jeweiligen Institution. Diese wird nicht streng chronologisch „abgearbeitet", sondern die Fachleute schauen danach, welche potenziellen Eltern zum Wohl eines Kindes am besten passen. So kann es z.B. vorkommen, dass ein Bewerberpaar einem anderen vorgezogen wird, weil es schon ein Adoptivkind hat und die nun abgebende Mutter den Wunsch äußert, ihr Kind solle auf jeden Fall mit einem Geschwisterkind aufwachsen.

Adoptionsarten

Grundsätzlich werden drei Formen der Adoption unterschieden:

- **Die offene Adoption**
  Leibliche und annehmende Eltern lernen einander persönlich kennen. Namen und Daten sind gegenseitig bekannt. Diese Adoptionsart ist selten und wenn sie zustande kommt, ist das normalerweise aus einem Pflegeverhältnis heraus der Fall, das ursprünglich nicht mit der Option zu adoptieren geplant war. Deswegen haben sich leibliche und Pflegeeltern bereits über Besuchskontakte gegenseitig kennengelernt.

- **Die halboffene Adoption**
  Leibliche und adoptierende Eltern begegnen einander „auf neutralem Boden", d.h. in der Regel in der Adoptionsvermittlungsstelle, und können miteinander ein Gespräch führen. Namen, Adressen und andere Daten werden nicht offengelegt.

- **Die Inkognito Adoption**
  Leibliche und annehmende Eltern kennen sich nicht. Wenn es möglich und gewünscht ist, erhalten beide Seiten einige grundsätzliche Informationen übereinander, z.B. Alter, Beruf und Anzahl bisheriger Kinder. Anhand dieser Auskünfte darf ein Ausfindigmachen zur Kontaktaufnahme nicht möglich sein. Diese Art der Adoption kommt in Deutschland am häufigsten vor.

  Da das Recht auf Kenntnis der eigenen Abstammung ein wesentliches ist, dürfen Adoptierte ab dem 16. Lebensjahr ihre Vermittlungsunterlagen einsehen. Dabei werden sie von einer Fachkraft der Adoptionsvermittlungsstelle begleitet. Die Adoptiveltern müssen der Einsichtnahme nicht zustimmen. Es gibt jedoch Ausnahmen, wenn die Interessen anderer, z. B. die der leiblichen Eltern, der Einsicht entgegenstehen oder überwiegen.

Vorbereitungsseminare für Adoptionsbewerber

Ein Vorbereitungsseminar für Adoptionsbewerber, das manche Vermittlungsstellen optional, andere verpflichtend anbieten, ist ein weiterer Schritt auf dem Weg zum Ziel. Inhalte sind z. B. eigene Erziehungserfahrungen, Familienkonstellationen und Geschwisterbindungen, die dargestellt, beleuchtet und reflektiert werden. Auch das Bindungsverhalten von Pflege- und Adoptivkindern, die Veränderungen im zukünftigen Familienalltag und der mögliche Umgang damit werden thematisiert. Ein Vorbereitungsseminar ist in jedem Fall eine sinnvolle Gelegenheit, Einsichten zu gewinnen und Kontakte zu Menschen in ähnlicher Situation zu knüpfen, die auch später noch von Vorteil sein können. Eventuell entstehen daraus Gesprächs- oder Selbsthilfegruppen oder Elternstammtische, die für Adoptiveltern eine wertvolle Anlaufstelle und Austauschmöglichkeit bedeuten können. So können sich Netzwerke zur Unterstützung für Adoptivfamilien bilden, die entlasten und ganz praktisch mit Tipps und Erfahrungen helfen, z. B. durch die Weitergabe der Kontaktdaten von Kinderärzten, Therapeuten, Sozialpädiatrischen Zentren u. a.

Lassen Sie sich bei Ihrer Bewerbung nicht von der Auskunft abschrecken, dass es mehr Adoptionsbewerber als zur Adoption freigegebene Kinder gibt. Über Ihre persönlichen Aussichten und die tatsächliche Wartezeit sagt das wenig aus.

! TIPP:

Bei der Eignungsprüfung und beim Adoptionsvorbereitungsseminar wird bei Paaren sicher thematisiert, ob beide Partner die Adoption gleich stark wollen oder ob einer eher unschlüssig ist und vom anderen „angetrieben“ oder „mitgerissen“ wird. Das ist keine Schikane, sondern ein Aspekt, den das Paar für sich unbedingt klären muss. Sollte es im Verlauf des Adoptionsprozesses zu Schwierigkeiten und unvermeidbaren Belastungen kommen und läuft es schließlich weniger rund, als man es sich gewünscht hat, sind Vorwürfe, offen oder unterschwellig *(„Du wolltest es ja unbedingt …“, „Das haben wir ja mehr für dich gemacht …“)*, das am wenigsten partnerschaftsförderliche und kraftspendende Instrument!

Auslandsadoption

„Wir haben uns für ein Land entschieden, von dem wir denken, dass es transparente Abläufe gewährleisten kann. Aber die Behörde des Herkunftslandes und die des Ankunftslandes haben sich noch nicht für uns entschieden.“ (Klemm, 2016, Seite 81)

Eine Adoption aus dem Ausland erfordert einige Prozessschritte mehr als eine Inlandsadoption und muss prozessbedingt zusätzliche Instanzen einbeziehen und durchlaufen. Werden diese nicht vorschriftsmäßig beachtet, ist eine Auslandsadoption verboten, deren oberstes Gebot, wie bei einer Adoption im Inland, das Wohl des Kindes ist. Deshalb wurde mit dem „Haager Übereinkommen vom 29. Mai 1993 über den Schutz von Kindern und die Zusammenarbeit auf dem Gebiet der internationalen Adoption“ ein gesetzlicher Rahmen geschaffen, der innerhalb der Vertragsstaaten die Rechte aller Beteiligten sichert.

Ablauf einer Auslandsadoption

- Adoptionsbewerber melden sich mit den bereits aufgeführten Dokumenten (s. Seite 15) zunächst bei einer **Vermittlungsstelle,** die für Auslandsadoptionen zugelassen ist. Das kann entweder die zentrale Adoptionsstelle beim jeweiligen Landesjugendamt sein oder eine nicht staatliche Stelle. Diese Vermittlungsstellen sind jeweils auf bestimmte Länder spezialisiert bzw. nur für diese zugelassen, z. B.:

  - HELP a child e. V. für: Haiti, Burkina Faso, Kenia, Dominikanische Republik
  - Zukunft für Kinder e. V. für: Bulgarien, Kasachstan
  - Evangelischer Verein für Adoption und Pflegekinderhilfe e. V. für: Südafrika

Weitere Adressen für anerkannte Auslandsadoptionsstellen in freier Trägerschaft finden Sie im Internet unter: www.bundesjustizamt.de/freie_traeger

Bewerber sollten sich also im Vorfeld überlegen, welches Herkunftsland bzw. welche Herkunftsländer für sie infrage kommen und sich dementsprechend an eine zuständige Vermittlungsstelle wenden.

- Nun erfolgt die **Eignungsprüfung** durch die Vermittlungsstelle. Dabei machen sich die Fachleute zum einen ein Bild von der grundsätzlichen Eignung der Bewerber als Adoptiveltern, wie es auch bei Bewerbern im Inland geschieht. Bei Auslandsadoptionen ist zusätzlich ein psychologisches Gutachten gefordert, um die Aussagen darüber zu stützen, ob sich die Bewerber für die Annahme eines fremden Kindes psychisch und sozial eignen. Dabei werden die Gespräche durch testpsychologische Verfahren ergänzt, die u.a. die Motive des Kinderwunsches, die Persönlichkeit der Bewerber und deren Paarbeziehung beleuchten.

Eine weitere Grundlage für den Sozialbericht besteht in einer „länderspezifischen Eignungsprüfung". In den Gesprächen mit den Sozialpädagoginnen wird z.B. thematisiert, was zu der Entscheidung für das jeweilige Herkunftsland geführt hat, ob die Vorstellungen der Bewerber der Realität vor Ort entsprechen und welche kulturellen, sprachlichen, klimatischen und anderen Umstellungen und Unterschiede für das Kind von Bedeutung sein werden. Wenn die Bewerber abschließend als „für eine Auslandsadoption geeignet" eingeschätzt werden, folgt der nächste Schritt.

- Die vollständigen Bewerbungsunterlagen werden nun von der Adoptionsvermittlungsstelle der zugelassenen Vermittlungsstelle im jeweiligen Ausland übermittelt. Entweder werden sie bereits in Deutschland oder vor Ort übersetzt. Es beginnt die **Wartezeit,** die durch unterschiedliche Einflüsse sehr unterschiedlich lang dauern kann. Ändern sich z.B. politische Verhältnisse in einem Land, wechseln zuständige Sachbearbeiter oder fallen längere Zeit ersatzlos aus oder gehen Dokumente „verloren" bzw. müssen mit Ergänzungen nachgereicht werden, kann sich das Verfahren hinziehen. Die Auslandsvermittlungsstelle bietet in der Wartezeit jedoch ihre Begleitung an, damit Bewerber jederzeit bei Unsicherheiten und Fragen einen kompetenten Ansprechpartner haben.
- Je nach Herkunftsland kann die Wartezeit unterschiedlich enden: Entweder wird den Bewerbern schon in Deutschland ein Kind vorgeschlagen, über das sie dann einige grundlegende Informationen erhalten (z.B. Geschlecht, Alter, Gesundheitszustand [unter Vorbehalt], ...). In diesem Fall haben sie die Möglichkeit, mit Mitarbeitern der Vermittlungsstelle gemeinsam zu beraten, ob dieses Kind zu ihnen passen könnte und ob sie die Reise antreten werden. Es kann aber auch sein, dass sie zunächst eine Einladung ins Herkunftsland erhalten und erst dort den Kindervorschlag bekommen. Dann entscheiden sie vor Ort, ob sie das Kind kennenlernen und den Prozess fortsetzen möchten.
- Der Ablauf vor Ort variiert von Land zu Land. Üblicherweise verbringen die Adoptiveltern zeitlich begrenzte, zunächst begleitete Zeit mit dem Kind in seiner momentanen Umgebung. Gestaltung und Umfang dieser Phase sind extrem unterschiedlich. Es gibt Länder, die zwar eine gewisse Aufenthaltsdauer vor Ort vorschreiben, in denen aber nach der Anbahnungszeit und dem Abschluss des gleichzeitig laufenden gerichtlichen Verfahrens die Heimreise mit Kind angetreten werden kann. Andere Länder verlangen mehrere Anreisen der Adoptiveltern, da persönliches Kennenlernen, vorgeschriebenes

Gerichtsverfahren im Geburtsland und Anbahnung mit gemeinsamer Ausreise einzelne Schritte darstellen. Darüber wird Ihre jeweilige Vermittlungsstelle Sie umfassend informieren, genauso wie über das Erfordernis, den Antrag auf Anerkennung der Adoption in Deutschland zu stellen, damit Ihre Einreiseunterlagen vollständig sind.

Zurück in Deutschland sollten Sie beim Familiengericht die im Ausland anerkannte Adoption in eine umwandeln lassen, die deutschem Recht entspricht. Das sorgt für rechtliche Sicherheit und Ihr Adoptivkind ist einem leiblichen Kind gleichgestellt. Zu konkreten formalen und juristischen Fragen bezüglich der Anerkennung der Adoption aus dem jeweiligen Geburtsland kann Ihre Vermittlungsstelle Sie beraten. Informationen dazu finden Sie auch auf der Homepage des Bundesjustizamtes unter:
www.bundesjustizamt.de/auslandsadoption

Alle entstehenden Kosten für Reisen, Übersetzungen, Bescheinigungen, Berichte u. v. m. müssen Sie selbst tragen. Auch wie Sie die Zeit Ihres Auslandsaufenthaltes mit Ihrem Arbeitgeber regeln, liegt in Ihrer Verantwortung.

Die Anbahnung

„Ein Anruf. Man hat zehn Tage, um alles vorzubereiten, was man sich nicht vorzubereiten getraut hat.“ (Klemm, 2016, Seite 97)

Beispiel 1: Säuglingsadoption

Familie Huber

Birgit Huber lebt mit ihrem Mann in einer kleinen Stadt im Allgäu. Sie ist Fremdsprachenkorrespondentin in einer ortsansässigen Firma, ihr Mann arbeitet als Architekt in einem Büro in der Nachbarstadt. Da sie zurzeit mit einem Großauftrag beschäftigt ist, hat sie sich gerade zwanzig Minuten Mittagspause freigeschaufelt und sitzt mit einem Kaffee draußen auf der Bank. Ihr Handy klingelt und eine unbekannte Nummer leuchtet auf. Frau Huber nimmt nicht ab, ihre kostbare Pause möchte sie genießen. Kurze Zeit später wiederholt sich das. Beim dritten Mal, leicht genervt von der Hartnäckigkeit des Anrufers, meldet sie sich recht kurzangebunden mit *„Huber!“* Sie hört die bislang unbekannte Stimme einer Dame vom Jugendamt des Kreises, die sich als neu zuständig vorstellt, und dann gleich zur Sache kommt: *„Sind Sie bei der Arbeit?“* Völlig überrumpelt bringt Frau Huber ein *„Ja“* zustande. *„Dann sollten Sie die sofort beenden und ins Krankenhaus kommen. Wir haben hier ein zwei Tage altes Mädchen, das dringend Eltern braucht. Sie sind doch noch interessiert?“*

15 Minuten später befinden sich die Hubers in ihren Autos auf dem Weg zum Krankenhaus. Beide haben alles stehen und liegen gelassen. Frau Huber ist mit den Worten *„Ich muss in Elternzeit!“* enteilt, ihr Mann hat noch nicht mal mehr seinen Chef angetroffen, der gerade außerhalb des Büros einen Termin hatte.

Ohne Vorbereitung, ein einziges Stück Babyausstattung oder gar einen Namen stehen zwei fassungslose, überwältigte erwachsene Menschen an einem Aprilnachmittag vor einem kleinen Bettchen auf der Säuglingsstation und wissen: Das ist sie, unsere Tochter. Das Mädchen soll spüren, dass es Eltern hat, und nicht länger allein sein. Darum organisieren die Hubers in Windeseile bei Freunden und Nachbarn das Nötigste und holen am nächsten Tag ihr Kind nach Hause. Auf einen Namen einigen sie sich noch spät in der Nacht vorm Einschlafen – im Kopf hatten beide schon lange eine Liste.

Beispiel 2: Auslandsadoption

Familie Meier

Mona und Tom Meier leben in Berlin. Seit einem einjährigen Auslandsaufenthalt während des Studiums steht für Mona fest, dass sie ein Kind aus Südamerika adoptieren möchte. Darum haben sich die Meiers schon früh mit einer staatlich anerkannten Adoptionsvermittlungsstelle für Auslandsadoptionen in Verbindung gesetzt und bei der AdA-Adoptionsberatung e. V. das umfangreiche Bewerbungsverfahren für Kolumbien und Chile durchlaufen. Sie wissen, dass die Aussichten, Eltern eines sehr jungen Kindes zu werden, gering sind, da Inlandsbewerber Vorrang haben. Unter anderem darum haben sie sich nach intensiver Auseinandersetzung dazu entschlossen, in ihrer Akte auch „ein Kind mit besonderen Bedürfnissen“ zu erwägen. Das Berliner Jugendamt hat längst einen befürwortenden Sozialbericht erstellt und das psychologische Gutachten uneingeschränkte Eignung bescheinigt, das obligatorische Vorbereitungsseminar hat das Paar absolviert und die Vermittlungsstelle hat die Bewerbung an die ausländische Behörde weitergeleitet.

An einem Hochsommertag kommt der Anruf der ausländischen Behörde: Es liegt ein Kindervorschlag vor. So kurzfristig wie möglich buchen die Meiers einen Flug, eine Unterkunft und über die Vermittlungsstelle eine Dolmetscherin, die sie während ihres Aufenthaltes in Kolumbien zu sämtlichen Terminen vor Ort begleiten wird. Bei ihrer Ankunft erwarten sie der südamerikanische Winter, herausfordernde organisatorische Bedingungen und zum Glück eine sehr nette, Deutsch sprechende Dame, ohne deren Unterstützung das Pensum in der Fremde unmöglich zu bewältigen wäre. Nach weiteren Formalien sehen sie nach zehn Tagen vor Ort zum ersten Mal im Kinderheim ihren Jungen. Für seine drei Jahre wirkt er sehr klein, und da er ungehemmt auf die Fremden zulaufen möchte, ist schnell ersichtlich, dass seine Beine nicht im Gleichklang mit seinem Vorhaben funktionieren. Dennoch erreicht er sein Ziel und einer spanischen Begrüßung folgen die ersten unbeholfenen, deutschen Worte zu dem Kind.

Der Besuch im Heim ist nun jeden Tag Programmpunkt, zwei Stunden stehen der sich anbahnenden Familie täglich zu, nach und nach auch ohne „Beaufsichtigung“. Dazu kommen für das deutsche Paar Termine bei Behörden und beim Rechtsanwalt, der abschließend mit vor Gericht auftreten wird, damit die Adoption nach kolumbianischem Gesetz beschlossen werden kann. Nach insgesamt acht Wochen vor Ort verlassen die Meiers mit unvergesslichen Eindrücken, vielen Formularen und Papieren, nach Verspätungen, Umwegen und scheinbar willkürlichen Fristen, voller Ungeduld, endlich nach Hause fliegen zu dürfen, das Land – mit dem Wertvollsten, was sie sich jemals hätten vorstellen können: mit ihrem Sohn.

Beispiel 3: Adoption nach Bereitschaftspflege

Familie Minten

Das Ehepaar Minten befindet sich bereits seit vier Jahren auf der Warteliste der katholischen Adoptionsvermittlungsstelle seiner Stadt. Etwa halbjährlich fragt Frau Minten bei ihrer Sachbearbeiterin nach, um sich nach dem Stand ihrer Bewerbung zu erkundigen und ihr weiterhin bestehendes Interesse mitzuteilen. Man habe sie nicht vergessen, hört sie dann, aber bisher habe sich eben nichts Passendes ergeben.

Kurz vor dem zehnten Hochzeitstag kommt an einem Donnerstagnachmittag ein Anruf. Es gäbe da in einer Bereitschaftspflegefamilie einen kleinen Jungen, bei dem keine Rückkehroption zur leiblichen Familie mehr bestehe. Ob die Mintens über das Wochenende mal nachdenken wollten ...
Am Montag vereinbaren sie telefonisch einen ersten Termin mit den Bereitschaftspflegeeltern in den Räumen der Adoptionsvermittlungsstelle. In dem Gespräch erhalten sie erste Informationen über den Kleinen und entscheiden sich dann für ein nächstes Treffen – mit Kind.
Ein neugieriger, blondbeflaumter Junge schaut mit großen blauen Augen das Ehepaar an und interessiert sich dann scheinbar mehr für die Spielsachen, die im Raum liegen, und die Kekse, die die Bereitschaftspflegemutter als Imbiss mitgebracht hat. Zurückhaltend beobachten die Mintens das Kind, sprechen es ab und zu freundlich an, respektieren aber die Distanz, die sich aus der Fremdheit ergibt. Von Treffen zu Treffen werden sie vertrauter, es gibt erste Berührungen, gemeinsames Spielen, ein Auf-den-Schoß-Nehmen, einen Windelwechsel – und jedes Mal wächst die Faszination an diesem Kind. *„Guck mal, wie er den Mund verzieht! Schau nur, er krabbelt so geschickt! Oh, diese kleinen Zehen! Und wie er lachen kann!“* Und es gibt keine bewusste, rationale Entscheidung, sondern die Liebe wächst unbeeinflussbar, zart und vorsichtig, jedes Mal ein bisschen stärker.
Nach vielen, vielen Besuchen, Gesprächen und festgestellten Übereinstimmungen, Erledigungen, Planänderungen und Vorbereitungen bringt am vereinbarten Termin die Bereitschaftspflegemutter das Kind zu seinen künftigen Eltern, ungeduldig öffnet die Adoptivmutter die Haustür. Beide Frauen stehen heulend im Flur. Beide wissen: Wir müssen schnell machen. Und beide sind zutiefst davon überzeugt: Es ist richtig so, hier gehört er hin.

Diese Beispiele klingen sehr unterschiedlich, und doch führen sie alle drei am Ende zu der gleichen Ausgangslage: Zwei erwachsene Menschen sind in weniger als neun Monaten Vorbereitungszeit Eltern eines kleinen Menschen geworden. Im besten, planbaren Fall soll das für alle so schonend wie irgend möglich passieren. Darum gibt es die Anbahnungsphase.

Bedeutung und Zweck der Anbahnung

Die Anbahnung meint den Zeitraum, in dem das Kind und die potenziellen Eltern Gelegenheit haben, sich behutsam kennenzulernen. Das soll zum einen dem Kind den abrupten Verlust der aktuellen Bezugspersonen und der Lebensumgebung ersparen. Eine sanfte Eingewöhnung soll verhindern, dass das Kind (erneut) einen Beziehungsabbruch verarbeiten muss (möglicherweise musste es in seinem Leben schon Beziehungsabbrüche erleben) und es schrittweise in die neue Situation hineinbegleiten. Zum anderen dient diese Phase vor dem Umzug des Kindes dazu, die Entscheidungssicherheit bei den aufnehmenden Eltern zu stärken, insbesondere, wenn das Leben mit Kind eine neue Erfahrung für sie ist.

Ablauf einer Anbahnung

Die vorgeschlagenen Adoptiveltern bekommen zunächst im Gespräch ohne das Kind einen ersten Einblick in die Geschichte und den Hintergrund ihres möglichen Kindes (Alter, Aufenthaltsorte, Umstände des Pflegeverhältnisses ...). Das soll ihnen helfen abzuwägen, ob dieses Kind in die eigene Familie passen könnte. Wenn dies der Fall ist, werden die ersten Treffen mit dem Kind vereinbart. Die potenziellen Adoptiveltern lernen das Kind zunächst auf „neutralem Boden", z. B. in einem Spielraum des Jugendamtes, und dann in seiner momentanen Umgebung kennen. Die potenziellen Adoptiveltern und das Kind bekommen Schritt für Schritt einen Eindruck voneinander und können immer differenzierter beobachten, ob eine Beziehung wachsen kann.
Nach einiger Zeit finden die Treffen im wahrscheinlich neuen Zuhause des Kindes statt. Sie werden zeitlich ausgedehnt, und die momentane Bezugsperson zieht sich immer ein bisschen weiter zurück, verlässt mal den Raum, bleibt dann auch mal über eine Mahlzeit weg – das wird individuell abgestimmt. Bereits angewöhnte Rituale werden den zukünftigen Adoptiveltern vermittelt, damit das Kind die Möglichkeit hat, sich bei all den neuen Eindrücken an bekannten Alltagsbausteinen zu orientieren und Sicherheit in der fremden Umgebung zu spüren.

Wenn alle Beteiligten spüren: *„Es ist so weit. Hier ist sein Zuhause. Das Bringen und Abholen sorgt nur noch für Unruhe und Verwirrung. Wir fühlen uns vorbereitet genug"*, vereinbaren sie den Termin für die Übersiedelung – den Tag, an dem das Kind mit seinem Hab und Gut einzieht und Kind der Familie ist.

Verbindlichkeit der Anbahnung

In der Anbahnungsphase geht es nicht ausschließlich um die behütete Eingewöhnung des Kindes, sondern auch um die größtmögliche Sicherheit bei den Adoptiveltern, dass genau dieses Kind ihres ist.
Sollten Zweifel in irgendeiner Form aufkommen (*„Werden wir das schaffen? Mag es uns überhaupt? Kann ich seine Ungeduld beim Essen ertragen? …“*), sollten diese mit der zuständigen Sozialpädagogin besprochen werden. Dieser Schritt, ein Kind zu adoptieren, bedeutet für die Eltern eine fundamentale Lebensveränderung und ruft verständlicherweise auch Gefühle von Unsicherheit hervor. Mit der Aussicht auf Hilfestellung, beruhigenden Erfahrungswerten der sozialpädagogischen Fachkräfte und ein realistisches Anspruchsniveau an sich selbst, lassen sich diese meist bewältigen.

Gibt es jedoch Bedenken, die grundsätzlich das „Match“ infrage stellen (*„Warum fällt mir der Zugang zu diesem Kind so schwer? Ich mag es gar nicht gerne in den Arm nehmen. Es wird unsere Familie überfordern.“*), kann eine Anbahnung abgebrochen werden. Sowohl die potenziellen Adoptiveltern als auch die begleitende Fachkraft der Adoptionsvermittlungsstelle haben das Recht, die Notbremse zu ziehen – und das sollten sie aus Verantwortungsbewusstsein für das Kind im Zweifelsfall unbedingt tun. Mitleid mit dem Kind, rationale Abwägungen wie: *„Wir haben schon so lange gewartet. Vielleicht erhalten wir jetzt nie wieder einen Vorschlag“*, oder Gedanken an die Außenwirkung dürfen dabei nicht den Ausschlag geben. Eine innere Distanzierung oder Ablehnung steht auf mittlere und erst recht auf lange Sicht in keiner Relation zu einer beendeten Anbahnung.

Dauer der Anbahnungsphase

Es gibt keine verbindlichen Vorgaben, wie lange eine Anbahnung dauern soll. Wie die Beispiele zeigen, kann sie tatsächlich zwischen einer Nacht und mehreren Wochen dauern – manchmal fehlt einfach die Alternative. Grundsätzlich ist die Dauer abhängig von dem Alter des Kindes, der Qualität der Bindungen in den bisherigen Unterbringungen und seinen Möglichkeiten, sich auf die neue Situation einzulassen. Wichtig ist, dass die begleitenden Personen das Kind aufmerksam und sensibel beobachten. Sobald es seine Bereitschaft signalisiert, sollte der Wechsel stattfinden, um unnötiges Hin und Her zu verhindern und für das Kind seine Zugehörigkeit zu seinen Adoptiveltern außer Frage zu stellen.

Rollenverteilung während der Anbahnung

Nur im vertrauensvollen Miteinander können die momentanen Bezugspersonen, z. B. die Bereitschaftspflegeeltern, die aufnehmenden Eltern und die beteiligten Fachkräfte der Adoptionsvermittlungsstelle und/oder des Jugendamtes die Anbahnungsphase optimal gestalten. Wenn Absprachen verbindlich eingehalten, Beobachtungen geteilt, Informationen ausgetauscht und Empfindungen reflektiert werden, können gemeinsam der Zeitpunkt und die genauen Umstände des Einzugs individuell und bestmöglich festgelegt werden.

| Die Adoptionspflege

Sobald die Adoptionsvermittlungsstelle ihr Einverständnis gegeben hat und das Kind bei Ihnen einzieht, beginnt offiziell das **Adoptionspflegeverhältnis**. Dieses Pflegeverhältnis ist vorgeschrieben und dauert in der Regel ein Jahr. In diesem Zeitraum soll sich das Eltern-Kind-Verhältnis bilden und wachsen. Der gemeinsame Alltag zeigt, wie Zusammengehörigkeit, Vertrauen und Familienbindung entstehen.

In dieser Zeit übernimmt normalerweise das Jugendamt die Vormundschaft des Kindes. So können Sie zwar alle alltäglichen, lebenspraktischen Entscheidungen für das Kind treffen, müssen sich aber für gravierende, weitreichende Entscheidungen das Einverständnis des Vormundes einholen. Das betrifft z. B. planbare medizinische Eingriffe, eine Taufe aus eigener religiöser Überzeugung oder auch einen Umzug in eine andere Stadt oder gar in ein anderes Land.

Wenn die Adoptionspflege „gut" verläuft, können Sie den Adoptionsantrag beim Familiengericht stellen. Dazu benötigen Sie für die formale Korrektheit zwingend notarielle Unterstützung. Den Adoptionsantrag können Sie schon innerhalb des Adoptionspflegezeitraumes stellen. Ausnahmen bestehen bei bereits älteren Kindern oder Kindern mit besonderen Bedürfnissen, bei deren Eingewöhnung eventuell länger andauernde Schwierigkeiten zu erwarten sind.

Entscheidung des Familiengerichts über die Adoption

Liegt der Antrag beim Familiengericht vor, entscheidet es über die Adoption. Sie werden dann zu einem Gerichtstermin eingeladen, an dem die Adoption ausgesprochen wird. Von diesem Moment an ist das Kind offiziell, rechtlich und unumkehrbar Ihres! Damit ist die Vormundschaft des Jugendamtes beendet. Sie können dann für Ihr Stammbuch beim Einwohnermeldeamt eine Geburtsurkunde beantragen, die Sie als Eltern ausweist und aus der das Adoptionsverhältnis nicht ersichtlich ist. Jetzt haben Sie alle Rechte und Pflichten von leiblichen Eltern!

Weitere Regelungen zu Beginn der Adoption

- **Krankenversicherung**
  Während der Adoptionspflege ist Ihr Kind, wenn Sie gesetzlich krankenversichert sind, beitragsfrei bei Ihnen **familienversichert.** Informieren Sie Ihre Krankenkasse rechtzeitig, dann erhalten Sie für das Kind ein Versichertenkärtchen, das diesen Status nachweist. Sollten Sie privat krankenversichert sein, fragen Sie bitte bei Ihrer Versicherung nach den Einzelheiten.

- **Vor- und Nachname des Kindes**
  Während der Adoptionspflege behält das Kind seinen ursprünglichen Namen. **Mit der Adoption bekommt es automatisch Ihren Nachnamen.** Sollten Ehepaare nicht den gleichen Nachnamen tragen, können sie sich für einen entscheiden; wenn bereits Geschwister in der Familie vorhanden sind, erhält das Kind den gleichen. Am Vornamen ändert sich normalerweise nichts. Sie haben jedoch das Recht, beim Familiengericht eine Änderung oder Ergänzung des Vornamens zu beantragen, wenn Sie z. B. den Eindruck haben, der Name ist im Deutschen schwer auszusprechen oder hat eine sonderbare Bedeutung und ist deswegen dem Wohl des Kindes nicht dienlich. Auf jeden Fall sollte man sich gut überlegen, was es für einen kleinen Menschen bedeutet, plötzlich anders angesprochen zu werden. Wenn ohnehin schon alles neu ist, ist es schwierig, aus einem Leon auf einmal einen Hannes zu machen oder aus einer Laura eine Sophia. Diesen Teil der Identität wird man also eher in Ausnahmefällen komplett „löschen“; die Ergänzung eines Rufnamens oder eine fantasievolle Koseform des vertrauten Namens sind zu bevorzugen.

- **Mutterschutz**
  Anspruch auf **Mutterschutz haben Sie bei einer Adoption nicht**, da der Mutterschutz den gesundheitlichen Bedürfnissen nach Schwangerschaft und Geburt Rechnung trägt.

- **Hebamme bei Säuglingsadoption**
  Bei einer Säuglingsadoption haben Sie in der Regel **Anspruch auf eine Hebamme.** Nach den genauen Konditionen können Sie sich bei Ihrer Krankenkasse erkundigen. Wenn Sie, wie in diesem Falle nicht ungewöhnlich, jedoch sehr kurzfristig Eltern werden, ist fraglich, ob eine Hebamme, um die man sich in der Regel spätestens im zweiten Trimester einer Schwangerschaft bemühen muss, verfügbar ist.

- **Elterngeld**, **Elternzeit** und **Kindergeld**
  stehen Ihnen zu. Genauere Informationen dazu finden Sie unter folgenden Adressen:
  www.familienportal.de/elterngeld-adoptivkinder
  www.familienportal.de/elternzeit-fuer-adoptivkinder-und-pflegekinder
  www.familienportal.de/fuer-welche-kinder-kindergeld

Adoption eines Kindes mit Behinderung

Auch Kinder mit einer körperlichen oder geistigen Einschränkung können adoptiert werden. Im Wissen darum, dass gerade diese Kinder es in ihrem Leben schwer haben und dringend Unterstützung und Förderung benötigen werden, fühlen sich einige Menschen berufen, ihnen eine stabile Familie zu sein und ein liebevolles Zuhause zu geben. Das kann z. B. darin motiviert sein, dass ein Paar besonders dankbar ist für ein leibliches gesundes Kind und diese Dankbarkeit ausdrücken und zurückschenken möchte. Oder ein Partner hat seit seiner Kindheit Erfahrungen mit einem behinderten Geschwisterkind und traut sich deswegen den Alltag mit diesem Handicap zu. Die Vermittlungsstelle wird jedoch sehr genau prüfen, ob Adoptionsbewerber psychisch, physisch, erzieherisch und – trotz aller staatlichen Unterstützung durch unser Gesundheitssystem – auch finanziell langfristig in der Lage sein werden, für das Kind zu sorgen. Die Belastung, die u. a. dauerhaft für die Partnerschaft entsteht, und die zahlreichen Konsequenzen im Alltag wie:

- gehäufte Arzt- und Therapietermine, unter Umständen mit längeren Anfahrtswegen zu Spezialisten,
- evtl. Anpassung der Raum-/Wohnverhältnisse (z.B. bezüglich Treppen bei Gehbehinderungen, Akustik bei Einschränkungen im Hörvermögen),
- Bedarf an permanenter Unterstützung von außen,
- ...

müssen sorgfältig durchdacht und beleuchtet werden.

Nicht selten kommt es vor, dass zum Zeitpunkt der Adoption ein vermeintlich „gesundes Kind" vermittelt wird, bei dem erst im Entwicklungsverlauf Besonderheiten auftreten. Gerade zunächst nahezu unsichtbare Behinderungen werden von Vermittlungsstellen nicht immer offen kommuniziert, zum Teil mit der nachträglichen Begründung, nichts davon gewusst zu haben (s. dazu den Abschnitt über FASD, S. 37). Künftige Adoptiveltern sollten sich mit dieser Möglichkeit auseinandersetzen, um später nicht sinnlos Kräfte zu vergeuden, sondern ggfs. frühzeitig Hilfe einzufordern.

Die Anfangszeit

„Der Tag ist das Kind. 24 Stunden sind tausend kleine Betreuungseinheiten. Dazwischen kaum etwas. Ich atme flach.“ (Klemm, 2016, Seite 114)

Allgemeines

Sobald das Kind in der Familie ist, ändert sich **alles**. Der komplette Lebensrhythmus wird sich nach seinen Bedürfnissen, Gewohnheiten und Bedingungen richten. Damit beginnt vor allem für den Menschen, der von nun an mit dem Kind zu Hause bleibt, auch ein neuer Lebensabschnitt. Weil der Rat der Adoptionsvermittlungsstellen lautet, sich am Anfang möglichst viel mit dem Kind im eigenen Zuhause aufzuhalten, damit es dort Wurzeln schlagen kann, und zunächst im kleinen Kreis zu bleiben, um die Bindung an die engen Bezugspersonen zu fördern, fühlt sich das an manchen Tagen für den Erwachsenen ziemlich nach Isolation an. Die bisherige Gewohnheit, frei über Zeiten, Wege und Kontakte entscheiden zu können, verliert ihre Gültigkeit. Das erfordert ein neues Sortieren im Selbstverständnis und im eigenen Rollenbild. Das Mama-Gefühl und -Bewusstsein stellen sich möglicherweise erst nach dem Mama-Sein ein!

Zweierteam: ein Kind, ein Erwachsener

Das Wichtigste ist es nun, das Kind davon zu überzeugen, dass es sich in einer dauerhaft sicheren Umgebung befindet und von verlässlichen Menschen ständig liebevoll umsorgt wird. Dazu sind feste Abläufe erforderlich, die den Alltag strukturieren und ihn wie ein stabiles Gerüst stützen. Sie betreffen alle grundlegenden Lebensbereiche.

Hierzu gehören:

- **Schlafen** an einem ruhigen, warmen, sauberen Ort,
- **Essen** zu festen Zeiten in ausreichender Menge am Tisch in Gemeinschaft,
- **Waschen/Baden/Körperpflege** regelmäßig, gründlich und von den Haaren bis zu den Füßen,
- **Anziehen** wettergemäß mit der erforderlichen motorischen und/oder emotionalen Unterstützung,
- **Spielen** ohne Ablenkung (z. B. durch ein Handy), ausschließlich aufeinander bezogen, dem Alter des Kindes angemessen anspruchsvoll,

- **Bewegung** und frische Luft unabhängig vom Wetter, beispielsweise als Ritual nach dem Mittagessen,
- **Körperliche Zuwendung** wie Kuscheln beim Aufwachen oder Vorlesen auf dem Schoß.

Da *eine* Ausnahme von den festen Abläufen manchmal schon genügt, um das Kind zu verunsichern, muss gut überlegt sein, ob die Umstände sie erfordern. So wichtig die Routinen sind, um bei dem Kind das Gefühl der Sicherheit wachsen zu lassen, so geben sie auch dem Erwachsenen im Zweierteam eine Tagesstruktur. Die Fülle an Zeit, die man zu zweit verbringt, fühlt sich schnell nach „wir-hier-drinnen" abgeschnitten von „der-Welt-da-draußen" an. Wenn man sich an Gewohntem entlanghangeln kann, lassen sich die Eintönigkeit und der mangelnde Input von außen besser hinnehmen.

TIPP:
Wichtiger als alle Prinzipien ist es, dass Sie sich bei ihrer Umsetzung möglichst wohl fühlen. Wenn es für Sie entlastend ist, das Kind während des Essens mit Spielzeug auf dem Tisch hantieren zu lassen, tun Sie es. Wenn es Sie stresst, nach einem anstrengenden Tag auf einer exakten Schlafenszeit von 19.30 Uhr zu bestehen, dann lassen Sie es 19.50 Uhr werden. Wenn Sie Ihrem Fünfjährigen noch beim Anziehen helfen möchten, weil er die Nähe fordert, helfen Sie ihm, egal was andere denken oder sagen könnten.

Dreierteam: ein Kind, zwei Erwachsene

Mit der Ankunft des Kindes wird aus einem Paar ein Dreierteam. Das bedeutet, dass eine neue Ordnung entsteht, in der Aufgaben anders verteilt und Schwerpunkte verschoben werden. In dieser Anfangszeit ist es nicht einfach, sich als Paar im Blick zu behalten und gleichzeitig die Grundlagen der Beziehung zum Kind zu schaffen. Natürlich gibt es auch hier wieder Parallelen zu Familien, in denen ein leibliches Baby alles auf den Kopf stellt. Dennoch kommt der Cut nicht nach gemeinsam erlebter neunmonatiger Schwangerschaft, emotionaler und physischer Vorbereitungszeit und der gemeinsamen Erfahrung der Geburt. In der Konstellation einer Adoptivfamilie wird sicher stärker hinterfragt, durchdacht, bewertet, und der Wunsch, es richtig zu machen, um bisher Versäumtes irgendwie nachzuholen, ist vielleicht unbewusst im Spiel. Für wichtig halte ich es, dass sich keiner der Partner mit der riesengroßen neuen Verantwortung allein gelassen fühlt, z.B. weil der andere häufig arbeitet, d.h. nicht anwesend ist, und sein „altes Leben" scheinbar nur um ein Kind bereichert weiterführen darf, ohne dass er dafür etwas aufgeben muss. Gemeinsame Zeit sollte dann auch gemeinsam verbracht werden, beide

Erwachsenen müssen ihre persönlichen Bedürfnisse für eine Weile hintanstellen. Und auch wenn es sich nach einem unangebrachten oder überflüssigen Tipp anhören mag: Gehen Sie freundlich miteinander um. Erschöpfung, Schlafmangel und Ungewissheiten strapazieren die knappe Zeit zu zweit, wenn sie sich in einer kleinen Lücke zeigt, ohnehin. Darum sollte als „Basic" ein liebevoller Umgangston zeigen, dass man einander weiterhin beachtet, schätzt und respektiert, und dass nur gerade eine Durststrecke für das erwachsene Zweierteam gekommen ist.

Soziales Gefüge: Familie +

Das bisher wichtige soziale Umfeld eines Paares, das ein Kind adoptiert, erlebt ebenfalls eine markante Veränderung. Verwandte, Freunde und Bekannte werden sich vermutlich mitfreuen, wenn das neue Familienmitglied ankommt – so soll es sein. Dennoch werden sie erfahren und akzeptieren müssen, dass Sie in der ersten Zeit mit dem Kind komplett eingespannt sind. Spontane Telefonate oder gar Überraschungsbesuche kommen dann ebenso ungelegen wie Detailnachfragen zum Hintergrund des Kindes und ob sich dieser bemerkbar mache. (Zu viel Neugier wirkt ohnehin aufdringlich und auch von Vertrauten schnell schaulustig/sensationslüstern. Sie werden selbst entscheiden, wem Sie wann Einzelheiten anvertrauen.) Zu wenig gezeigtes Interesse kann auf die Adoptiveltern aber auch verletzend wirken. Sie befinden sich gerade in einer für sie völlig neuen, manchmal überfordernden Situation, mit der sie allein zurechtkommen müssen. Ein bisschen Verständnis dafür tut gut, aber es muss angemessen gezeigt werden. Eine passende Form zu finden, ist sicher nicht einfach, und in vielen Fällen entsteht deshalb eine (vorübergehende) Sendepause. Ab und zu ein Zeichen, per WhatsApp oder ganz klassisch per Postkarte, das sagt: *„Ich bin noch da. Ich denke an dich. Mach dir für mich keinen zusätzlichen Stress. Ich warte auf dich. Halte durch!"*, und das Signal *„Du kannst dich bei mir melden, wenn* ***du*** *so weit bist.* ***Du*** *bestimmst das Tempo und das Maß"*, sind wie Lichter, die in die Zeit im Tunnel hineinleuchten.

Der Kreis der Menschen, die im Leben des Kindes von Bedeutung sind, wird sich entsprechend ihrer Bedeutung für die Eltern erweitern. Großeltern, Tanten und Onkel und/oder gute Freunde werden Schritt für Schritt dazukommen und mit der Zeit ebenfalls eine Beziehung zum Kind aufbauen. Das Kind wird schnell merken, wem etwas an ihm liegt, und die Eltern werden es als Entlastung empfinden, wenn sich die kleine Familie wieder für andere Menschen öffnet.

| Eltern-Kind-Beziehung

„Alles, was ich sehe, ist: Er ist nicht wie andere Kinder. Das ist mir ganz recht. Ich bin auch eine Mutter wie keine andere. Wir haben beide auf dem Weg zum Elternhaben und Kindhaben einen Umweg nehmen müssen.“ (Klemm, 2016, Seite 112)

Allgemeines

Jedes Kind, das in einer Adoptivfamilie sein Zuhause findet, bringt einen Rucksack mit, der alle bisherigen Lebenserfahrungen des Kindes enthält. Der Rucksack kann manchmal fast übersehbar klein sein, wenn das Kind noch ganz jung, vielleicht gleich nach der Geburt, zu seinen Eltern kommt. Manchmal ist er auf den ersten Blick erkennbar groß und schon mit viel Gepäck gefüllt, wenn ein Kind auf seinem bisherigen Weg bereits mehrere Beziehungsabbrüche erlebt hat. Der Rucksack ist verschlossen, den Inhalt kann man nicht sehen, und zu welchem Zeitpunkt und in welchem Tempo er geöffnet wird, wer hineinschauen und möglicherweise Ballast abwerfen helfen darf, wird sich erst auf dem weiteren Weg zeigen, und das Kind wird die Vorgaben machen.

Zweifellos wird keine Mutter ihr Kind ohne Grund abgeben, und ebenso außer Frage wird kein Kind ohne triftigen Grund aus seiner Herkunftsfamilie herausgenommen. Unzählige unterschiedliche Ursachen können dabei zugrunde liegen.

Verschiedene Problematiken spielen aufgrund der früh erlebten Besonderheiten mit hoher Wahrscheinlichkeit im Leben eines Adoptivkindes langfristig eine Rolle. Jedes hat bisher mindestens einen Beziehungsabbruch erlebt. Nicht wenige Adoptivkinder teilen die Erfahrung, in ihrer Herkunftsfamilie ungewollte Kinder gewesen zu sein, waren frühem Stress und Mangelerfahrungen sowie schon als Ungeborene toxischen Substanzen (Nikotin, Alkohol, Drogen) durch eine suchtkranke Mutter ausgesetzt. Darum werden im Folgenden drei Themen erläutert, die in der Biografie von Adoptivkindern oft relevant sind. Inhaltlich sind sie nicht klar voneinander zu trennen. Jedes für sich ist psychologisch und/oder medizinisch höchst komplex und füllt zahlreiche Fachbücher von Experten. Hier kann nur ansatzweise auf ihren Kern hingewiesen werden. Literaturempfehlungen zur Vertiefung finden sich jeweils nachfolgend.

Bindung

Was bedeutet Bindung und wofür ist sie wichtig?

Bindung entsteht, wenn ein Neugeborenes die verlässliche Befriedigung seiner Grundbedürfnisse erfährt, sich angenommen fühlt, Berührungen und Körperkontakt von zugewandten Bezugspersonen erhält, ihre Stimmen hört, angeschaut und angelächelt, kurz: permanent umsorgt wird. So kann der Säugling Urvertrauen aufbauen, das die Grundlage für zahlreiche Fähigkeiten in der Entwicklung darstellt. Nur mit einem stabilen Selbstkonzept und der Grundüberzeugung: *„Ich bin nicht allein. Ich kann meinem Umfeld vertrauen und mich darauf verlassen"*, kann sich das Gehirn gesund entwickeln und Vernetzungen und Verbindungen aufbauen, die z. B. für die spätere Selbstregulation bei Affekten maßgeblich sind. Auch geistige Fähigkeiten wie Merken, Erfassen, Planen, Strukturieren und ein verträgliches Sozialverhalten sind an die Ausbildung neuraler Wege gekoppelt; so werden auch ihre Grundlagen von der Beziehungsqualität früher Bindung bestimmt (vgl. Weinberg, D., 2017, S. 22 ff).

Woran erkenne ich Bindungsstörungen?

Sehr anschaulich sind die Beschreibungen möglicher Formen von Bindungsstörungen, die Riedle et al. in ihrem Buch „Adoption. Alles was man wissen muss" (2019, S. 137) vornehmen. Sie unterscheiden:

- kein Anzeichen von Bindungsverhalten,
- undifferenziertes Bindungsverhalten,
- übersteigertes Bindungsverhalten,
- gehemmtes Bindungsverhalten,
- aggressives Bindungsverhalten,
- Bindungsverhalten mit Rollenumkehr.

Wie bei so vielen Störungen in der Entwicklung ist die Bandbreite der möglichen Erscheinungsformen von Bindungsstörungen groß und nicht klar von denen anderer hindernder Faktoren zu unterscheiden. Hinweise auf ein gestörtes Bindungsverhalten können z. B. sein:

- Teilnahmslosigkeit, keine emotionalen Reaktionen,
- Oberflächlichkeit der menschlichen Beziehungen, Mangel an Mitgefühl,
- Konzentrationsschwäche (in der Schule).

Wie können Adoptiveltern ihrem Kind mit gestörtem Bindungsverhalten helfen?

In der Psychologie ist nicht eindeutig definiert, in welchem Maße Bindungsstörungen zu „reparieren" sind. Zu viele Bedingungen spielen eine Rolle, z. B. wie viele Beziehungsabbrüche bereits stattfanden, zu welchem Zeitpunkt und in welcher Dimension das Kind Vernachlässigung erlebt hat und welche Qualität die bisher erfahrene Versorgung durch „Mutterersatzpersonen" hatte. Auch die Persönlichkeit des Kindes und seine Resilienz, d. h. seine psychische Widerstandsfähigkeit, um Krisen überwinden zu können, sind von Bedeutung. So haben Adoptiveltern die Aufgabe, zugewandt, geduldig, emotional eindeutig und zuverlässig für das Kind da zu sein – wie sie es sich für jedes Kind wünschen würden. Stabilität, Sensibilität und Nähe sind Werte, die unterstützen, fördern und das Selbst- und Familienbewusstsein stärken.

Literatur zur kindlichen Bindung

Bowlby, John: Frühe Bindung und kindliche Entwicklung, Ernst Reinhardt Verlag, 8. Auflage 2021

Riedle, Herbert; Gillig-Riedle, Barbara; Riedle, Brigitte: Adoption. Alles, was man wissen muss. TiVan-Verlag, Würzburg, 4. Auflage 2019

Weinberg, Dorothea: Verletzte Kinderseele. Was Eltern traumatisierter Kinder wissen müssen und wie sie richtig reagieren. Klett-Cotta, Stuttgart, 3. Auflage 2017

Trauma

Was ist ein Trauma und wie entsteht es?

Ein Trauma ist eine schwerwiegende psychische Verletzung, deren Grundlage in erster Linie eine Reaktion des Nervensystems, also physiologischer Natur ist. Sie kann zu unterschiedlichen Zeitpunkten im Leben geschehen: Unter einer Frühtraumatisierung versteht man „schädigende Einwirkungen in Schwangerschaft, während und nach der Geburt und in den ersten drei Lebensjahren" (Weinberg, 2017, S. 22). Als mögliche Ursachen für Traumata in der Kindheit kommen infrage: Unfälle und Stürze, medizinische und operative Eingriffe (auch Stress im Mutterleib, u. a. durch schädigende Substanzen, und Komplikationen bei der Geburt), Gewalthandlungen/Angriffe, Verlust, umgebungsbedingte Stressfaktoren und Naturkatastrophen (Levine, 2020, S. 35–36).

Woran können Adoptiveltern eine Traumatisierung erkennen?

Ob und welche Symptome in welcher Ausprägung ein Kind nach einem traumatischen Erlebnis entwickelt, hängt von verschiedenen Faktoren ab. Die Häufigkeit der Vorfälle, ihre Intensität, die Dauer ihres Vorkommens und das Lebensalter des Kindes gehören dazu. Es wird unterschieden zwischen den Symptomen, die unmittelbar während oder nach der Traumatisierung auftreten und sekundären Traumasymptomen, die entstehen, weil die Kernsymptome nicht aufgelöst werden konnten.

Dazu zählen z. B.:

- extreme Licht- und Geräuschempfindlichkeit,
- regressive Verhaltensweisen (z. B. Babysprache, Bettnässen, ...),
- Albträume und nächtliche Angstattacken,
- Energiemangel und schnelles Ermüden,
- stetige Wiederholung desselben Spiels,
- Kopfschmerzen, Magenschmerzen, Verdauungsprobleme,
- übertriebene Anhänglichkeit, „Klammern".

(Vgl. Levine, 2020, S. 105–111)

Wie können Adoptiveltern dem betroffenen Kind helfen?
Die Behandlung schwerwiegender Traumata gehört in die Hände von Fachleuten. Doch auch die dem betroffenen Kind nahestehenden Erwachsenen können dazu beitragen, dass es ihm im Alltag besser geht. Hilfreich ist es, für eine sichere, ruhige Umgebung zu sorgen, in der alles, was zur Traumatisierung beitrug, nicht mehr vorkommt, d. h., der Ort muss sich geschützt und unantastbar anfühlen. Für das Kind ist es wichtig, dass der Erwachsene ruhige Präsenz und ungeteilte Nähe zeigt. Die ungeteilte Aufmerksamkeit und besänftigendes, nicht urteilendes Sprechen sind ebenfalls hilfreich. Dabei sollten die Gefühle des Kindes ernst genommen und bestätigt werden. In einer „Krisensituation" sollte der Erwachsene vollen Einsatz für den Schutz des Kindes zeigen und es durch seine Worte und seine Körpersprache davon überzeugen, dass er das Kind nicht allein lässt und in der akuten Situation an seiner Seite bleibt, bis es ihm besser geht.

Literatur zu Traumata bei Kindern

Levine, Peter A., Kline, Maggie: Verwundete Kinderseelen heilen – Wie Kinder und Jugendliche traumatische Erlebnisse überwinden können, Kösel-Verlag, 12. Auflage 2020

Weinberg, Dorothea: Verletzte Kinderseele – Was Eltern traumatisierter Kinder wissen müssen und wie sie richtig reagieren, Klett-Cotta, 2015

FASD

Was ist FASD und wie entsteht es?

FASD (Fetal Alcohol Spectrum Disorder/Fetale Alkoholspektrumstörung) bezeichnet eine irreparable hirnorganische Schädigung eines Kindes durch Alkoholkonsum der Mutter in der Schwangerschaft. Alkohol wirkt in jeder Phase der Schwangerschaft toxisch auf alle Körperzellen des Fötus und wird von seinem Stoffwechsel bis zu zehnmal langsamer abgebaut als vom mütterlichen. Ob die Mutter gelegentlich, regelmäßig oder exzessiv konsumiert, spielt keine Rolle – jeder einzelne Schluck Alkohol zu jedem beliebigen Zeitpunkt kann die lebenslange Behinderung verursachen. Es gibt verschiedene Unterdiagnosen: FAS (= Fetales Alkoholsyndrom), pFAS (= partielles Fetales Alkoholsyndrom) und ARND (= Alkoholbedingte entwicklungsneurologische Störung), die jedoch über den Grad der tatsächlichen Beeinträchtigung nichts aussagen.

Woran erkenne ich FASD?

Wenn Alkoholkonsum der Mutter während der Schwangerschaft bekannt ist, sollte auf jeden Fall unabhängig von körperlichen Symptomen die Diagnose so früh wie möglich geprüft werden. Es gibt körperliche Merkmale, die auf das Vorliegen von FASD hinweisen. Die Kriterien sind in der S3-Leitlinie Fetale Alkoholspektrumstörungen dargestellt und werden von Fachleuten zur Diagnostik herangezogen. Ein geringes Körpergewicht und eine geringe Körpergröße gehören ebenso wie Besonderheiten im Gesicht der Betroffenen dazu (kleiner Augenabstand, schmale Oberlippe, verstrichenes Philtrum). Die Auffälligkeiten, deren Ursachen im zentralen Nervensystem liegen, betreffen körperliche (z. B. Ess- und Schluckschwierigkeiten, Skelettfehlbildungen), motorische (z. B. Grob- oder Feinmotorik, Laufen und Sprechen) und geistige (z. B. Aufmerksamkeit, Intelligenz, Merkfähigkeit) Entwicklungsstörungen. Auch das Sozialverhalten kann betroffen sein, z. B. in Form von Distanzlosigkeit, autistischen Verhaltensweisen, fehlender Empathie oder außergewöhnlicher Aggressivität. Einige dieser Erkennungszeichen werden erst bei Schulbeginn ganz offensichtlich, wenn sich z. B. Lern- und Konzentrationsschwierigkeiten oder Züge von Hyperaktivität bemerkbar machen.

! TIPP:

Da FASD trotz der Häufigkeit, in der es vorkommt – in Deutschland sind nach einer Pressemitteilung der Bundeszentrale für gesundheitliche Aufklärung vom 03.09.2019 jedes Jahr mehr als 10.000 Neugeborene betroffen –, immer noch nicht ausreichend bekannt ist, ist es wichtig, die Diagnostik in die Hände von Fachleuten zu legen! Dazu zählen leider die meisten Kinderärzte nicht. Es lohnt sich, Anfahrts- und Wartezeiten in Kauf zu nehmen, um eine gesicherte Diagnose und eine fundierte Empfehlung für den weiteren (Therapie-)Verlauf zu erhalten!

Hilfreiche Adressen finden Sie hier:

- https://www.mein-kind-will-keinen-alkohol.de/hilfe.php
- https://www.fasd-deutschland.de → Hilfe und Beratung
- Leipholz, Sabine: Das FASD-Elternbuch, Schulz-Kirchner Verlag, 2020, S. 33ff

---

Wie können Adoptiveltern dem von FASD betroffenen Kind helfen?
FASD ist nicht heilbar und nur begrenzt therapierbar. Das Wichtigste im Umgang mit Betroffenen ist es, jede Form der Überforderung zu vermeiden, um ihr permanent erhöhtes Stresslevel nicht noch weiter zu strapazieren. Das Bewusstsein, dass für Menschen mit FASD jede „Leistung", die gesunde Menschen für selbstverständlich halten, eine enorme Anstrengung bedeutet, kann entlastend wirken – für den Betroffenen und die Bezugspersonen.

Beispiele aus dem Alltag mit einem von FASD betroffenen Kind:

Schultasche packen: Das Packen des Schulranzens stellt für ein von FASD betroffenes Kind einen hohen Anspruch dar: Es muss wissen, an welchem Wochentag welche Fächer anstehen. Das jeweils benötigte Material, das für jedes Unterrichtsfach unterschiedlich ist (Buch/Heft/Arbeitsheft/...), muss vollständig sein, Überflüssiges muss ausgepackt werden, ständig Gebrauchtes muss funktionstüchtig sein (Stifte gespitzt? Patrone voll? Kleber vorhanden? ...). Zusätzliches, z. B. der Beitrag zur Klassenkasse, Sportschuhe usw., das Frühstück, dürfen nicht vergessen werden. Das ist sehr komplex und ohne Unterstützung, z. B. durch eine Bezugsperson und/oder in Form von Piktogrammen, von dem betroffenen Kind kaum zu bewältigen.
Auch die Devise **„Es heißt nicht: Es will nicht. Es heißt: Es kann nicht"** muss ständig vergegenwärtigt werden, um Frust und Enttäuschungen so gering und selten wie möglich zu halten – und um als Bezugsperson Beschimpfungen, Beleidigungen und Aggressionen nie persönlich zu nehmen.

Hausaufgaben machen: Wenn ein Kind mit FASD sich den ganzen Vormittag bemüht hat, dem Unterricht zu folgen, am Platz zu bleiben, nur im zulässigen Rahmen zu interagieren, Anweisungen umzusetzen, Aufforderungen nachzukommen – den Anforderungen des Schultages nach allen Möglichkeiten gerecht zu werden, sind Hausaufgaben nicht mehr im Rahmen des Zumutbaren. Selbst wenn das Kind wollen würde – es kann sich nicht mehr konzentrieren, sich erneut anstrengen und noch mehr leisten. Sehr wichtig ist also eine enge Zusammenarbeit mit der Schule und eine gute Aufklärung der Lehrer über FASD! Neben ADHS, Autismusspektrumsstörungen, Dyskalkulie, Lese-Rechtschreibstörungen, logopädischem Förderbedarf und zahlreichen anderen Besonderheiten, auf die Lehrer reagieren müssen, sind sie über diese Behinderung meist nicht ausreichend informiert. Am besten hilft also ein verständnisvolles, unterstützendes Umfeld mit einem realistischen Blick auf die Fähigkeiten und angepassten Erwartungen an die Möglichkeiten der betroffenen Menschen.

TIPP:

Haben Sie den Verdacht, dass irgendeine dieser beschriebenen oder ansonsten außergewöhnliche Schwierigkeit bei Ihrem Kind vorliegen könnte, sprechen Sie Ihren Kinderarzt darauf an. Sie kennen das Kind am besten. Haben Sie keine Angst vor Abweisung oder Verharmlosung von jemandem, der das Kind nur punktuell sieht. Es ist besser, einen Verdacht zu haben, der sich nicht bestätigt, als etwas zu übersehen, auf das man reagieren sollte!

Nehmen Sie frühzeitig alle Hilfen in Anspruch, die Ihnen zustehen. Das ist kein Zeichen von Schwäche, sondern eine sinnvolle Nutzung von Kapazitäten! Es gibt z. B. von den Sozialpädiatrischen Zentren (SPZ) das Angebot der Interdisziplinären Frühförderung schon vor dem Eintritt des Kindes in den Kindergarten. Wenn die Vermutung naheliegt, dass ein Kind Verzögerungen oder Defizite mitbringt, kann die Frühförderung mit ihrem Bausteinsystem aus Ergo-, Logo-, Physiotherapie und Heilpädagogik einen grundlegenden Beitrag leisten, diese zu verringern.

Literatur zu FASD

Sehr praxisnah und hilfreich im Alltag:

Leipholz, Sabine; Kamphausen, Uwe: Das FASD-Elternbuch – Hilfen und Strategien für Eltern und Kinder, Schulz-Kirchner Verlag, 2020

Noble, Jeff; Noble, Tara Soucie: Den IRRSINN verstehen – Ein FASD-Überlebenshandbuch, Noble Initiatives, 2012

Eher wissenschaftlich, aber interessant und informativ:

Liesegang, Jörg: Fetale Alkoholspektrumstörung (FASD) bei Kindern und Jugendlichen – Praxisbuch zur Teilhabe-Ermöglichung, Beltz, 2022

Video zu FASD

Das meiner Meinung nach bisher beste Aufklärungsvideo zu FASD für große und kleine Menschen gibt es von:

Arp, Herbert: Max und das Fetale Alkoholsyndrom (FAS), YouTube, https://www.youtube.com/watch?v=zzjxrROycmE

Interview mit Adoptiveltern (1)

Wie seid ihr auf die Idee gekommen, zu adoptieren?

Seit Klasse 10 sind wir ein Paar. Schon immer wussten wir, dass wir unsere sehr enge Zweierbeziehung mit einem Kind komplettieren wollen. Nach unserer Hochzeit beschlossen wir, nun sei der richtige Zeitpunkt gekommen. Als meine Frau nach zwei Jahren immer noch nicht schwanger war, ließen wir uns untersuchen. Die Kinderwunschpraxis diagnostizierte bei uns beiden ungünstige Voraussetzungen und empfahl sofort eine IVF[1], um nicht unnötige Wartezeit mit minimalen Erfolgsaussichten zu verlieren. Nach zwei erfolglosen IVF- und einer anschließenden ICSI[2]-Behandlung mit beträchtlicher Gewichtszunahme, extremen Stimmungsschwankungen und Kopfschmerzen sahen wir ein, dass diese Behandlungen nicht unser Weg sind. Also begannen wir, uns mit Adoption zu befassen. Weil wir am Ende unseres Weges als Paar auf jeden Fall mit Kind weitergehen wollten, entschieden wir uns für eine damals sehr, sehr wahrscheinlich erfolgversprechende Auslandsadoption aus der Ukraine.

Wie habt ihr das Verfahren erlebt?

Der Bewerbungsprozess war kräftezehrend, zeitraubend und oft frustrierend. Alle Unterlagen, die wir aufwendig für Deutschland besorgt und zusammengestellt hatten, mussten nach ihrer Prüfung durch das Jugendamt noch einmal übersetzt und vollständig an die zuständige Behörde in Kiew übersendet werden. Zwischendurch kamen Dokumente abhanden, Sachbearbeiter waren krank oder wechselten ihre Zuständigkeit, sogar Vorschriften änderten sich und einige Kopien mussten wir persönlich anwesend beglaubigen lassen. Wo wir in der Zeit überall hingefahren sind und wie teuer eine Unterschrift sein kann, hat unsere lebhafteste Fantasie bei Weitem überschritten!

Was hat euch dann erwartet?

Nachdem wir endlich sehr aufgeregt, aber auch erleichtert, weil endlich mit dem Ziel vor Augen nach Kiew gereist sind, ahnten wir nicht, dass uns die nervenraubendste Zeit noch bevorstand. Vor Ort hatten wir für die Dauer unseres Aufenthaltes eine kleine, karge Einzimmerwohnung gemietet, von der aus wir mithilfe unserer Dolmetscherin alle Wege bewältigt haben. Am Tag, bevor wir das erste Mal ins Kinderheim außerhalb der Stadt fuhren, legte man uns in einem Büro im Kreishaus einen Ordner mit drei Akten vor. Aus denen sollten wir „unser“ Kind aussuchen. Die Situation war grotesk, wussten wir doch, dass sie alle drei Eltern brauchten. Dennoch war, als wir sein Foto sahen, sofort klar, welcher Junge unser Sohn würde. Der erste Blick in seine braunen Augen, die ein

1 In-Vitro-Fertilisation
2 Intrazytoplasmatische Spermieninjektion

bisschen schelmisch unter den dunklen Zotteln hervorlugten, traf uns direkt. Unsere Dolmetscherin übersetzte seine Akte für uns und wir erfuhren, er sei zweidreiviertel Jahre alt, anscheinend gesund und das Kind einer Frau, die kurz nach der Geburt verstorben sei; ein Vater sei nicht bekannt. Beim Kennenlernen am nächsten Tag nahm uns der Zauber noch stärker gefangen, auch wenn die Verständigung mit Worten nicht möglich war. Wir durften ihn nun jeden Tag besuchen und, zunächst unter Aufsicht, Zeit mit ihm verbringen. Er freute sich zunehmend, wenn er uns erblickte. Parallel kümmerte sich unsere Dolmetscherin mit uns um die notwendigen Termine, um letztlich die Adoption vor dem ukrainischen Gesetz rechtskräftig zu machen. Das Ganze hat ziemlich lange gedauert, weil die Wege weit, Wartezeiten lang und Aussagen zum Teil widersprüchlich waren. Bis wir endlich mit Kind, Dolmetscherin und den vollständigen Dokumenten den Termin vor dem Familiengericht wahrnehmen konnten, waren zehn Wochen vergangen. Das wäre schon allein dann gescheitert, hätte ich zu der Zeit nicht einen so verständnisvollen Arbeitgeber gehabt.

Wie ist es euch weiterhin ergangen?

Als wir endlich zurück in Deutschland waren, fing dort der ganze Behördenkram noch einmal an. Jetzt mussten wir alle Dokumente wieder ins Deutsche übersetzen lassen, Anträge ausfüllen, Formulare weiterreichen usw. Für unseren Sohn war die ganze Situation vor allem wegen der Sprache eine große Aufgabe. Mit vielen Bilderbüchern, Finger- und Rollenspielen, Liedern und gemeinsamen Gesprächen hat er nach knapp einem Jahr erste vollständige, kurze deutsche Sätze gesprochen. Das war für uns alle drei ein Grund, stolz zu sein! Meine Frau hat dann begonnen, gemeinsam mit ihm eine Spielgruppe zu besuchen, und daraus haben sich Kontakte zu drei anderen Müttern mit kleinen Kindern ergeben, die zu weiteren Verabredungen, gemeinsamen Spielnachmittagen und Ausflügen führten. So erweiterte sich der Kreis und unser Leben gewann an „Normalität".

Wie hat sich euer Sohn weiterentwickelt?

Mit der Zeit hat sich erwiesen, dass die medizinischen Dokumente aus dem ukrainischen Kinderheim nicht ganz sorgfältig erstellt und unvollständig oder eventuell sogar etwas beschönigt waren. Ob die Angaben zu Geburtsgewicht und -größe zum Beispiel korrekt sind, lässt sich nicht überprüfen. Es zeigten sich Auffälligkeiten, deren Ursachen wir zunächst auf seine Geschichte zurückführten – wir hatten von der Zeit im Kinderheim ohnehin realistisch nicht viel Förderung und Ansprache erwartet. Als er offensichtlich nicht aus Konsequenzen lernte, kein Empfinden für Gefahren hatte, motorisch sehr unruhig mit einem unstillbaren Bewegungsdrang blieb und in der Grundschule in Mathematik schon im Zahlenraum bis 10 Verständnisschwierigkeiten auftraten, wurden wir immer ratloser. All unsere Geduld, die wiederholten Erklärungen, Veranschaulichungen und gemeinsames Ausprobieren und Üben führten zu nichts. Etwas, das an einem Tag geklappt hat, funktionierte am nächsten einfach nicht mehr. Manchmal dachten wir, er wolle uns nur ärgern oder provozieren, aber er schien es wirklich nicht anders zu können. Eine ausführliche Diagnostik in einem Sozialpädiatrischen Zentrum öffnete uns die Augen: Die Mutter hat wohl ziemlich eindeutig in der Schwangerschaft Alkohol getrunken, was bei unserem Sohn FASD verursacht hat. Damit sind seine Probleme nicht gelöst und werden es sein Leben lang nicht sein, aber die Erklärung ermöglicht es uns, sie einzuordnen und darauf zu reagieren. Er hat mittlerweile zum Beispiel in der Schule eine Inklusionsbegleiterin, die ihm hilft, seinen schulischen Alltag zu strukturieren und die ihn in allen Unterrichtsphasen unterstützt. Das gibt ihm Orientierung und Sicherheit – und entlastet so auch uns.

Welche Rolle spielt für ihn und euch seine Geschichte?

Er weiß natürlich von seiner Herkunft aus der Ukraine. In seinem Alltag jedoch spielt seine Geschichte für ihn gar keine Rolle. Er fragt nicht nach, möchte keine Fotos von unserer Reise anschauen und versteht die Sprache schon lange nicht mehr. Sollte er eines Tages Interesse entwickeln oder sogar einmal nach Kiew fliegen wollen, werden wir ihn begleiten und versuchen, seinen Wurzeln mit ihm nachzuspüren. Für uns stellt die Adoption aus dem Ausland überhaupt keinen Unterschied zu einer im Inland dar, und auch für uns ist im Alltag nicht präsent, dass unser Kind überhaupt auf anderem Wege unseres geworden ist.

Hast du zum Abschluss einen Tipp für andere Adoptiveltern?

Nein, alle Eltern müssen ihren individuellen Weg finden, die Situation handzuhaben. Was ich mir aber wünschen würde, ist, dass Adoptivfamilien offen mit ihrer Entstehung umgehen, um die gesellschaftliche Akzeptanz dieses Weges der Familiengründung zu erhöhen. Immer mehr Paare sind ungewollt kinderlos, damit fängt das Verschweigen, Schämen und Zurückziehen an. Dass sie deswegen nicht weniger den Wunsch haben, ihre Werte weiterzugeben und das Leben mit Kindern zu gestalten, sollte genauso selbstverständlich sein wie die Gewissheit, dass eine Adoption eine moralisch einwandfreie, juristisch gleichberechtigte und emotional vollwertige Familie begründet.

Würdet ihr den Schritt wieder wagen?

Völlig außer Frage haben wir unsere Entscheidung nie bereut. Unser Sohn ist das Wertvollste, was wir in unserem Leben haben. Noch einmal würden wir aber nicht adoptieren. Im Rückblick sind wir doch ziemlich naiv an die Sache herangegangen und ahnten nicht, welche Schwierigkeiten und Herausforderungen uns erwarteten. Die Kraft, das noch einmal zu bewältigen, hätten wir heute nicht mehr.

Begegnungen mit dem Umfeld

„Wer von der Norm abweicht, muss erklären. Ich erkläre mich: als soziale Mutter. Ich erbringe Beweise, indem ich lebe." (Klemm, 2016, Seite 140)

Drei Jahre nachdem ihr Sohn in die Familie gekommen ist, trifft eine Adoptivmutter eine ehemalige Vorgesetzte, die selbst ungewollt kinderlos geblieben ist. Im kurzen Geplänkel, wie es denn so gehe, wird sie gefragt: *„Und – haben Sie Ihre Entscheidung schon bereut?"* Die Mutter ist komplett überrumpelt und im Moment angesichts der Unverschämtheit und Indiskretion sprachlos. Erst später fällt ihr die passende Entgegnung ein: *„Und – sind Sie immer noch glücklich in Ihrer Ehe mit diesem Mann?"*

So eine direkte Konfrontation mit der privaten Situation findet wohl eher selten statt. Dennoch gibt es Situationen, in denen Adoptiveltern sich kritisch beobachtet fühlen und meinen, sich erklären, wenn nicht gar rechtfertigen zu müssen. Wer empfindsam ist, spürt einen skeptischen Blick, bemerkt eine seltsame Geste, hört einen unterschwelligen Ton und fühlt sich vielleicht gelegentlich fremd – auf dem Spielplatz, in der Spielgruppe, beim Elternabend … . In manchen Situationen ist es dann schon anstrengend, sich nur vorzustellen, was man antwortet, wenn man z. B. gefragt wird, warum das Kind denn so heißt, wie es heißt. Mit solchen Fragen muss man für sich umgehen lernen, und ob man paradox, konfrontativ oder bewusst gar nicht darauf reagiert, ist sicher typ-, situations- und tagesformabhängig.

Die Fachleute aus dem Adoptiv- und Pflegekinderbereich sind sich i. d. R. darüber einig, dass es richtig ist, mit einem Adoptivkind von Anfang an offen darüber zu kommunizieren, dass es im Bauch einer anderen Frau gewachsen ist und von ihr auf die Welt gebracht wurde. Dafür gibt es Argumente, von denen hier nur einige exemplarisch genannt werden: Das Kind soll von seinen nächsten Menschen von seiner Herkunft erfahren, nicht zufällig irgendwann, später, von außen.
Es soll sich für das Kind natürlich anfühlen und selbstverständlich, dass diese Familie auf anderem Wege entstanden ist als eine mit leiblichen Kindern. Die Entstehungsgeschichte soll nicht wie etwas wirken, das man verbergen oder für das sich gar irgendjemand schämen muss.

! Für die Identitätsfindung des Kindes im Laufe seiner Entwicklung ist es wichtig zu wissen, dass sein genetischer Ursprung bei anderen Eltern liegt.

Wann ein Kind welche Information zu seiner Herkunft erhält, hängt, neben der Verfügbarkeit der Informationen, von dem Bedürfnis des Kindes danach und dem Zeitpunkt des Bedürfnisses ab. Manche Adoptivkinder wollen gar nichts davon hören, andere stellen von Zeit zu Zeit eher unpersönliche Fragen nach möglichen Familienkonstellationen, einige möchten sich sogar Fotos oder Gegenstände als Erinnerungsstücke aus ihrer frühesten Vergangenheit anschauen und irgendwann sogar den Kontakt zur leiblichen Mutter oder eventuellen (Halb-)Geschwistern suchen.
Was in welcher Form für welche Familie richtig ist, kann sich nur im täglichen Leben zeigen.

TIPP:
Lassen Sie sich nicht von dem Anspruch unter Druck setzen, Ihr Kind so früh wie möglich und so umfassend wie möglich über seine Herkunft aufzuklären. Sind Sie deswegen gestresst, wird es Ihnen schwerfallen, die richtigen Worte zu finden. Natürlich soll das Kind mit der Wahrheit aufwachsen und auf seine Fragen ehrliche Antworten erhalten (wenn es irgendwann das Gefühl hat, Sie würden etwas vor ihm vertuschen, wird es ohnehin misstrauisch werden). Verlassen Sie sich auf **Ihr** Gefühl, wann sich die passende Gelegenheit im Spiel, beim Vorlesen oder im Gespräch ergibt, das Herkunftspuzzle Stück für Stück, vielleicht auch mal mit einem Fehlversuch und einer Wiederholung, zusammenzusetzen. Sie haben Zeit, und für manche Kinder wird das Thema erst spät und vielleicht auch gar nicht so umfangreich wichtig.

Spielgruppen und Vereine

Manche Mütter stürzen sich und ihr Kind, kaum dass es auf der Welt ist, in Aktivitäten. Schon im ersten Lebensjahr befinden sich u. a. im Angebot:

- Babymassage (fördert die Entwicklung der Nervenzellen, der Motorik und der Mutter-Kind-Bindung),
- PEKiP („Prager Eltern-Kind-Programm"; Spiel-, Bewegungs- und Sinnesangebote für Eltern und Kinder in der Gruppe) und
- Babyschwimmen (stärkt die motorische und geistige Entwicklung des Babys).

Nach dem ersten Lebensjahr kommen dann z. B. die „Musikzwerge" dazu, um Kinder schon früh mit Liedern, Finger-, Sing- und Tanzspielen in der Gruppe musikalisch zu bilden. Auch für eine Krabbelgruppe ist es dann allerhöchste Zeit und auch mit dem Mutter-Kind-Turnen sollte man sich spätestens jetzt vertraut machen, um dem Kind rechtzeitig interessante, abwechslungsreiche Bewegungsangebote anzubieten und altersgerechte motorische Fähigkeiten zu fördern.

Falsch: Das ist das Beste für das Kind! Für jeden Nicht-Teilnehmer sind all das verpasste Chancen!
Richtig: Viele Adoptivkinder sind zu diesem Zeitpunkt noch gar nicht in ihrer Familie angekommen. Und selbst wenn sie das sind, liegt es im Ermessen der Adoptiveltern, ob und welche dieser „Chancen" für ihre Kinder die richtigen sind. Der Aufbau einer tragfähigen Bindung zu den Eltern ist das oberste Ziel. Ob dazu viele Termine außer Haus in größerem Personenkreis dienlich sind, kann nur individuell und ohne die Erwartungen des Umfeldes zu berücksichtigen, entschieden werden.

Kindergarten

Im Folgenden ist das Verhalten von drei Kindern im Kindergarten beschrieben. Was denken Sie, welches Kind eine Adoptionsgeschichte hat?

Tom:

Kurz vor seinem vierten Geburtstag kommt Tom in den Kindergarten. Die Eingewöhnungszeit gestaltet sich schwierig: Tom löst sich ungern von seiner Mutter, auch nach mehreren Wochen jammert und weint er jeden Morgen beim Abschied von ihr. Die Erzieherinnen bestärken die Mutter, dennoch hinauszugehen. Während der gesamten drei Kindergartenjahre protestiert Tom jeden Morgen und es gibt Diskussionen, ob denn der heutige Besuch tatsächlich nötig/richtig/angemessen sei, und jeden Mittag beobachtet die Mutter ihr Kind dabei, wie es verzweifelt versucht, die Anspannung des Vormittages loszuwerden.

Mia:

Für Mia beginnt die Kindergartenzeit zwei Monate nach ihrem dritten Geburtstag. Schon am ersten Tag nimmt sie auf dem Schoß der beiden Erzieherinnen der Gruppe wechselweise Platz und bemerkt es kaum, wenn ihre Mutter sich von ihr verabschieden möchte. Allen Kindern nähert sie sich ohne Scheu und greift damit mehrmals störend in Spielabläufe ein, die zu heftigem Protest der anderen Kinder führen. Das stört Mia nicht – sie sucht sich ungerührt die nächste „Baustelle".

Leo:
Leo besucht den Kindergarten nun schon ein halbes Jahr. Er hat sich gut eingelebt, eine Erzieherin als Hauptbezugsperson ausgewählt und kann sich gut beschäftigen, sowohl allein als auch mit anderen Kindern im freien Spiel. Alles läuft reibungslos, und seine Mutter freut sich nun, entspannt wieder an zwei Vormittagen in der Woche arbeiten zu gehen. Als ihr Dienst beginnt, fängt Leo plötzlich an, im Kindergarten einzunässen. Er spricht nur noch wenig und weist auch seine Lieblingserzieherin an manchen Tagen zurück.

Die Antwort auf die eingangs gestellte Frage lautet: **Alle drei Kinder haben eine Adoptionsgeschichte.** Wenn man die kurzen Situationsbeschreibungen liest, könnte man auch denken: Keines. Viele kindliche Verhaltensweisen treten auch bei anderen Kindern auf, und Adoptiveltern hören sich oft Sätze an wie: *„Ach, das macht meiner auch! Das ist nur eine Phase. So sind halt Jungs bzw. Mädchen. Das empfindest du nur so. Du übertreibst!“* Diese Hinweise, Beschwichtigungen und Solidarisierungen sind nicht hilfreich! Erst wenn man das Gesamtbild kennt (die häusliche Situation, familiäre Besonderheiten etc.), weiß man, dass oft mehr und Ernstzunehmendes hinter dem Verhalten eines Kindes stecken kann. Um z. B. das Verhalten von Tom einzuschätzen, ist es wichtig zu wissen, dass sich am Nachmittag, wenn Tom zu Hause ist, seine Anspannung in Form von Zerstörung von Gegenständen und unkontrollierbaren Aggressionen – körperlich und verbal – gegen Mensch und Tier richtet. Es ist auch wichtig zu wissen, dass Mia nicht nur bei jeder Erzieherin sofort auf den Schoß klettert, sondern dies auch distanzlos bei unbekannten Erwachsenen macht (z. B. im Restaurant), und dass sie sofort mit jedem Fremden mitgehen würde. Leo nässt nicht nur im Kindergarten ein, zu Hause verweigert er nun auch feste Nahrung und verlangt exzessiv nach seiner Milchflasche am Abend. Erst dieser Blick hinter die Kulissen zeigt, wie wichtig informierte und verständnisvolle Erzieherinnen sind, die Kindern und ihren Eltern geduldig Raum geben, besonders sein zu dürfen. Im möglichen Rahmen der Einrichtung (Kita, Tagesmutter ...) können sie nur dann gemeinsam mit daran arbeiten, dass mögliche Entwicklungsrückstände, emotionaler Nachholbedarf und Bindungsschwierigkeiten aufgefangen werden.

Schule

Bei jedem Kind überlegen sich Eltern genau, welche Schule die richtige für ihr Kind sein wird. Das beginnt schon bei der Grundschule, bei der meist lokal entschieden wird, und setzt sich bei der Wahl der weiterführenden Schule in der Sekundarstufe fort. Dabei spielen viele Faktoren eine Rolle, beispielhaft seien folgende genannt:

Für ein Kind ist es zu Beginn wichtig, sich nicht ganz fremd zu fühlen. Wenn es möglich und für Ihr Kind bedeutsam ist, macht es Sinn, nach einer Schule zu schauen, in der Kindergartenfreunde, Grundschulklassenkameraden und Nachbarkinder als bekannte Gesichter präsent sind.

Natürlich muss die Schulform (Regelschule, Schule mit Förderschwerpunkt, Ganztagsschule, ...) zum Kind passen. Das ist nicht einfach zu erkennen, weil sich manche Besonderheiten erst im Laufe der Zeit herauskristallisieren. Bei vielen Kindern mit FASD z. B. zeigen sich neben Konzentrationsproblemen im Laufe der ersten Schuljahre mathematische Schwierigkeiten, die nach Dyskalkulie aussehen und eventuell eine Klassenwiederholung nahelegen. Die wird aber an der Diagnose nichts ändern und das Problem nicht dauerhaft lösen. Hier erst zeigt sich, wie geduldig und konstruktiv die Schule mit den Eltern nach der besten Lösung sucht.

Meiner Erfahrung nach ist die Schullaufbahn eines Kindes wesentlich von der Beziehungsqualität zur Klassenlehrerin abhängig. Je jünger das Kind, desto größer ist der Einfluss einer einfühlsamen Pädagogin, die das Kind im Ganzen im Blick hat und nicht schon früh auf seine Leistung fokussiert ist. Das gilt vor allem, wenn das Kind in irgendeiner Weise vom „System abweicht", was bei Adoptivkindern z. B. in Form einer erhöhten Stressanfälligkeit, die an eine niedrige Frustrationstoleranz gekoppelt ist, überdurchschnittlich häufig ist. Darum sind Behutsamkeit und Verständnis nicht nur dann gefordert, wenn es im Unterricht um Themen wie „Meine Familie", „Mein erstes Babyfoto" und später um Genetik u. ä. geht, sondern sie sollten die Basis des täglichen Umgangs bilden. Erst, wenn sich ein Kind sicher und angenommen fühlt, ist es überhaupt in der Lage, etwas zu lernen und Neues für sich zu erobern.

Der Tipp, der zu jeder Zeit über allem steht, lautet: Vergleichen Sie nicht! Weder sich mit anderen Eltern noch ihr Kind mit anderen Kindern noch ihre Familie mit anderen Familien! Sie allein wissen, wann Ihr Kind Ermutigung, Lob und Anerkennung benötigt. Dazu muss es nicht an den Erfolgen, Leistungen und Noten der Mitschüler gemessen werden. Auch kleine Anstrengungen und Fortschritte sind Grund zur Freude – es muss nicht das Schwimmabzeichen in Silber in Klasse 3 sein oder das beständige „befriedigend" unter der Klassenarbeit in Sprachgebrauch. Und wenn es am Ende der Schulzeit nach ganz viel gemeinsamem Bemühen ein Zeugnis mit dem Hauptschulabschluss gibt, kann auch das als Lohn harter Arbeit gefeiert werden.

Interview mit Adoptiveltern (2)

Wie seid ihr auf die Idee gekommen, zu adoptieren?

In meinem Lebensentwurf haben Kinder früher keine Rolle gespielt. Ich habe mir ein abwechslungsreiches Leben mit meinem Mann, einer interessanten Arbeit und viel Freiheit zum Reisen gewünscht. Nach ein paar Jahren Ehe kam mein Mann darauf zu sprechen, ob ich mir nicht doch ein Kind vorstellen könnte. Damals hat er stärker als ich den Wunsch verspürt. Nach einigem In-mich-hinein-Hören und -Fühlen merkte ich, dass sich auch meine Einstellung geändert hatte. Es war nicht dringend und unbedingt, aber auch ich freundete mich mit dem Gedanken an. Als mein Gynäkologe mir sagte, dass es bei mir mit einem eigenen Kind auf gar keinen Fall klappen würde, erkundigten wir uns sehr bald nach dem Ablauf des Adoptionsverfahrens, denn eine reproduktionsmedizinische Behandlung kam aus gesundheitlichen Gründen für uns nicht infrage.

Wie habt ihr das Verfahren erlebt?

Wir haben uns für die Bewerbung bei der Adoptionsvermittlungsstelle der Diakonie bei uns vor Ort entschieden. Da wir keinen Druck verspürt haben, dass es möglichst schnell und auf jeden Fall klappen muss, konnten wir uns recht entspannt auf die Wartezeit einlassen. Wir haben auch bei unseren Vorstellungen keine Kompromisse gemacht und direkt klargestellt, dass für uns nur ein Säugling infrage käme, mit dem wir möglichst von Beginn an zusammenwachsen könnten. Nach anderthalb Jahren erreichte uns dann der Anruf unserer zuständigen Sozialpädagogin.

Was hat euch dann erwartet?

Es ging um einen neugeborenen Jungen, den die Mutter auf den Stufen vor dem Krankenhaus in einer Reisetasche eingewickelt abgelegt hatte. Nach eingehender Untersuchung galt er als gesund und befand sich nun seit drei Tagen auf der Neugeborenenstation, wo er von den Krankenschwestern liebevoll umsorgt wurde. Zunächst unter Vorbehalt fragte man uns, ob wir ihn kennenlernen wollten. Wenn in den nächsten Wochen weiterhin alle Nachforschungen zu seiner Herkunft vergebens blieben, würde er ohne Zwischenstation zur Adoptionspflege zu uns kommen können. Und so war es. Nach fünf Wochen, die wir zwischen Krankenhaus und zu Hause pendelten, zog er bei uns ein.

Wie ist es euch weiterhin ergangen?

Zu Beginn war es einfach eine riesengroße Umstellung, das Leben mit einem Winzling im Haus, nach dem sich von nun an alles richtete. Bei den folgenden Untersuchungen stellte sich leider auch heraus, dass irgendetwas mit seinem Herzen nicht in Ordnung war. So verbrachten wir in den nächsten Monaten viel Zeit bei Kinderkardiologen, um an die

Diagnose zu gelangen, die inzwischen eine relativ uneingeschränkte Freiheit stellt, die wir nur einmal jährlich im Uniklinikum Aachen kontrollieren lassen müssen. Ansonsten spielten wir uns recht gut zu dritt ein. Nach zwei Jahren stellte ich, vollkommen überrascht, da es als ausgeschlossen galt, fest, dass ich schwanger war. Das brachte für uns eine fundamentale Veränderung und hat uns als Familie völlig durcheinandergewirbelt.

Was hat es für euch und eure Kinder bedeutet, zu viert zu sein? Welchen Unterschied hat es gemacht?

Als unsere Tochter auf die Welt kam, haben wir natürlich sehr gestaunt und uns unfassbar gefreut. Meine Liebe konnte ich gleich von Anfang an sehr gut beiden Kindern gleichermaßen schenken. Bald stellte sich trotzdem das Gefühl ein, dass unsere Tochter oft zurückstecken musste und weniger Beachtung fand, einfach weil bei ihr viele Dinge wie von selbst liefen. Die Erziehung unseres Sohnes war deutlich anstrengender und zeitaufwendiger. Zum Beispiel hat er jahrelang nicht durchgeschlafen und uns nachts mehrfach aus dem Bett gerufen, was bei der Kleinen nach 13 Monaten ausgestanden war. Auch das Essen war bei ihm problematisch, da er Schwierigkeiten mit dem Reflux hatte und wir immer wieder ausprobieren mussten, was er wann in welcher Menge verträgt. Das Wissen, unserer Tochter weniger Aufmerksamkeit geschenkt zu haben, bereitet mir im Rückblick ein schlechtes Gewissen.

Wie hat sich euer Sohn weiterentwickelt?

Mit viel Unterstützung von uns und einem wohlgesonnenen Lehrerkollegium sieht es nun so aus, als ob er seinen Schulabschluss nach Klasse 10 nächsten Sommer schaffen wird. Danach möchte er eine Ausbildung in einer Landschaftsgärtnerei beginnen, in der er sich in mehreren Praktika sehr wohl gefühlt hat. Sein Herzfehler schränkt ihn bei normaler körperlicher Arbeit nicht ein und er betätigt sich am liebsten an der frischen Luft. Wenn er das Resultat seiner Arbeit vor Augen hat und von Kollegen Verständnis und etwas Unterstützung erfährt, kann er einiges schaffen.

Welche Rolle spielt für ihn und euch seine Geschichte?

Immer sind wir ganz offen und selbstverständlich damit umgegangen, dass er zwar nicht unser biologisches, aber auf jeden Fall unser Kind ist. Vor ihm und unserem Umfeld war das jederzeit geklärt. Für mich ist im Laufe seiner Entwicklung, seiner Identitätssuche und Persönlichkeitsfindung, die nie großartig verbalisiert wurden, immer unbefriedigender geworden, dass wir überhaupt keine Hintergrundinformationen haben und auch keinerlei Möglichkeit, jemals daran zu gelangen. Ich stelle es mir für mich einfacher vor, für einige Besonderheiten größeres Verständnis zu haben, wenn ich mir ihren Ursprung erklären könnte. Gibt es zum Beispiel familiäre Zusammenhänge zu seiner Leserechtschreibschwäche, die wir lange nicht identifizieren und einordnen konnten? Warum hat er eine Vorliebe für so scharfes Essen, von dem jedes andere Familienmitglied höchstens eine Löffelspitze zum Probieren verträgt? Warum wird er in geschlossenen Räumen so unruhig? Und ich würde ihm gerne seine Fragen beantworten können, mit denen er sich von Zeit zu Zeit beschäftigt. Er redet nicht darüber, aber ich merke es ihm an.

Hast du zum Abschluss einen Tipp für andere Adoptiveltern?

Ich glaube, am wichtigsten ist es, die Einzigartigkeit jeder Geschichte zu akzeptieren und darum möglichst von Vergleichen mit anderen, auch Adoptivfamilien, abzusehen. Und ich habe am eigenen Leib erfahren, dass man sich selbst im Blick behalten muss. Nur, wenn man für sich selbst sorgt – körperlich, bei mir ist es zum Beispiel das Schwimmen, und mit Pausen für die Seele, sei es nur ein Konzertbesuch –, und wenn man als Paar eine starke Einheit bleibt, kann man den Herausforderungen standhalten und als Familie schöne Momente teilen.

Würdet ihr den Schritt wieder wagen?

Die Frage hat sich für uns nie gestellt. Wir haben zwei Kinder, damit ist unsere Familie komplett.

| Lebenswirklichkeiten

„Ich habe einen Fehler gemacht. Ich habe darauf gewartet, dass es wieder normal wird. Aber das wird es nie. Das hier ist das neue Normal.“ (Klemm, 2016, Seite 151)

Wochenenden und Ferien

Höflicherweise und selbstverständlich wünscht man den Menschen in der Umgebung „Ein schönes Wochenende!“ oder „Schöne Ferien!“. Solange man Teil der Arbeitswelt ist, liegt es auf der Hand: Tage ohne Wecker zur freien Verfügung für das Ausleben der persönlichen Vorstellungen von Erholung, Abwechslung und Spaß sind vielversprechend. Mit Kindern, die Vernachlässigung und Beziehungsabbrüche erlebt haben, die sich zurechtfinden und immer wieder der unzerstörbaren Zuwendung versichern müssen, denen gemeinsames Vergnügen und Mitspracherechte vielleicht fremd waren, sieht das anders aus.

Solange sie klein sind, ist es wahrscheinlich ähnlich wie bei vielen Kleinkindern: Weil sie morgens immer früh aufwachen, ist der Wecker zwar ausgeschaltet, aber ohnehin überflüssig, und vor der Familie liegt ein langer, langer Tag, der ausgefüllt werden will. Wenn es nach dem Frühstück und einer ersten Spazierrunde immer noch erst 9.00 Uhr ist, gibt es sehr viel zu füllen. Bei älteren Kindern kann das wesentlich prägnanter werden. Fehlt ihnen die vorgegebene Struktur der festen Zeiten durch Kindergarten bzw. Schule, verirren sie sich leicht in einem unübersichtlichen Meer von freien Stunden und Tagen, mit deren Fülle sie überfordert sind. Dadurch, dass diese Kinder häufig Schwierigkeiten haben, echte Freundschaften zu schließen oder sich in unbekannte Konstellationen zu begeben, wie sie z. B. bei Ferienspielaktionen vorliegen, werden sie sich in dieser Zeit gegebenenfalls ihrer sozialen Isolation bewusst. Den möglichen Ärger und die Enttäuschung darüber müssen die anwesenden Familienmitglieder aushalten.

Möglicherweise helfen Ihnen die folgenden Vorschläge in der kindergarten- oder schulfreien Zeit Ihres Kindes:

- Erstellen Sie eine Übersicht für die Ferien, in der Sie, wie in einem Stundenplan, Eintragungen vornehmen (Wochentage, Wochenenden/Vormittage, Nachmittage). Das gibt Ihnen einen Überblick und strukturiert die formlose Zeitspanne.
- Machen Sie sich eine Liste von Aktivitäten, die Sie mit Ihrem Kind/Ihren Kindern schon einmal unternommen haben und als relativ stressfrei erlebt haben. Im Krisenfall

werfen Sie einen Blick auf Ihr Repertoire – vielleicht finden Sie eine hilfreiche Idee, und sei es nur für einen Vormittag.

- Lassen Sie Ihr Kind/Ihre Kinder Vorschläge aufmalen oder aufschreiben. Irgendetwas wird sich darunter im Bereich des Möglichen befinden. Suchen Sie als Termin für diesen Vorschlag gemeinsam einen besonderen Platz im Kalender.
- Überfordern Sie sich und Ihr Kind nicht mit einer anstrengenden Flugreise an ein exklusives Ziel. Ein Hotelaufenthalt mit vorwurfsvoll herüberblickenden Erholungssuchenden und einem am Altersdurchschnitt ausgerichteten Animationsprogramm bedeutet Stress. Eis essen, im Sand buddeln und planschen oder schwimmen sind auch im erreichbaren Umfeld möglich. Und unerklärlicherweise sind manchmal die Enten auf dem Teich vorm Zoo interessanter als die Eisbären auf der anderen Seite des Zaunes!
- Erwarten Sie nicht, dass Sie sich am Ende des Wochenendes bzw. der Ferien erholt fühlen werden. Überhöhte Erwartungen sind in jedem Fall kontraproduktiv. Genießen und erkennen Sie kleine, kurze entspannende Momente!

Feiertage und Feste

In manchen Familien beginnt die Vorfreude auf Weihnachten schon Ende September, also dann, wenn die Supermärkte ihre Regale mit den ersten Lebkuchen füllen. Spätestens im November jedoch ist die Saison offiziell eröffnet für weihnachtliche Dekoration, Wunschzettelschreiben, Festtagsmenüplanung, Besuchskoordination, Geheimniskrämerei und eine Fülle von Aktivitäten, die alle dem einen Ziel dienen: Das Weihnachtsfest soll möglichst glanzvoll, harmonisch und zauberhaft werden.

Kindergeburtstage gleichen bei einigen Geburtstagskindern einem Besuch im Erlebniscamp. Da ein Event allein dem Anlass nicht gerecht werden kann, wird eine Kombination aus Indoorspielplatz, Spaßbad, Bowlingbahn, Kino und Kletterhalle zusammengestellt, die kulinarisch von süßen (Muffins, Cupcakes, Lollycakes, Popcorn, Eis ...) bis zu herzhaften (Pommes, Pizza, Sandwiches, Burger ...) Köstlichkeiten alles bereithält. Die eigens ausgewählte Geburtstagskiste ermöglicht es den Gästen, bei der Feier ein erwähltes Geschenk im elterlich vorgestellten Budget zu überreichen. Auch hier steht alles unter einem Motto: Die Feier soll für das Geburtstagskind unvergleichlich, sorglos und perfekt werden. Eine Einladung zu einer großen Party ist für manche Familien eine herrliche Aussicht: Ob Hochzeit, Einweihung, Geburtstag, Jubiläum – Hauptsache, viele Menschen kommen ausgelassen zusammen, es ist trubelig, die Musik laut, Selbstbedienung am Buffet steht auch den kleinen Gästen offen und auf die Uhr achtet niemand so genau. Wieder vereint

- Ein frisch zubereiteter Auflauf mit saisonalen Gemüsen der Region ist wertvoll. Erbsen aus der Dose, Nudeln oder ein Sandwich, wenn es schnellgehen muss, sind aber auch nicht schädlich. Das gilt ebenfalls für Wollmäuse hinter dem Wohnzimmerschrank und nicht fleckenfreie Fenster! Setzen Sie Ihre Kräfte gezielt für die wichtigen Dinge ein.
- Halten Sie Ihre Erwartungen an sich selbst realistisch. Niemand ist perfekt. Sowohl ein vor dem Fernseher sitzendes Kind ist ab und zu verzeihlich als auch der Verzicht auf eine Diät und ein strenges Fitnessprogramm, wenn die Nerven strapaziert sind.
- Schauen Sie nicht zu weit in die Zukunft. Das Grübeln über die Perspektive, was als Nächstes oder noch alles kommen könnte, ist nicht hilfreich. Setzen Sie sich kleine Etappenziele – manchmal ist es einfach nur die Schokolade zur Belohnung am Abend auf dem Sofa.
- Gönnen Sie sich bewusst Zeit nur für sich. Ob Sie ein Buch lesen, zum Friseur oder shoppen gehen, entscheiden Sie allein. Durchatmen, Abstand gewinnen und sich mit etwas anderem zu beschäftigen füllen den Tank!

Sicher gibt es noch viele andere Möglichkeiten. Wichtig ist, sie nicht von vorneherein als überflüssig und als *„Ich brauche das nicht. Ich habe mir doch so lange ein Kind gewünscht. Jetzt ist es endlich da. Und was sollen die anderen dann von mir denken?“* abzutun. Die Adoption ist eine sehr langfristige Angelegenheit, also gilt es, sehr langfristig Kraft zu bewahren!

Interview mit Adoptiveltern (3)

Wie seid ihr auf die Idee gekommen, zu adoptieren?

Schon seit das jüngste unserer eigenen Kinder die Grundschule besuchte, geben wir Pflegekindern bei uns ein Zuhause auf Zeit. So haben wir im Laufe der Jahre viele Kinder ins Herz geschlossen, und wir verfolgen bei mehreren sehr gespannt, wie es für sie nach Vermittlung in eine Adoptiv- oder Dauerpflegefamilie weitergeht. Dass wir selbst eins dieser Kinder adoptieren würden, war nicht geplant. Dieses Mädchen jedoch hat uns so berührt, dass wir uns schnell nicht mehr vorstellen konnten, es abzugeben. Es passte so perfekt zu uns – die Liebe war gegenseitig, und zum Glück haben mein Mann und unsere Kinder genauso empfunden.

Wie habt ihr das Verfahren erlebt?

Das Verfahren an sich lief bei uns in gewisser Weise nebenbei. Natürlich mussten wir die Formalitäten erfüllen, aber da mich die Vermittlungsstelle aus meiner Arbeit als Pflegemutter sehr gut kannte, war das tatsächlich nur ein bürokratischer Akt. Rein praktisch entstand für uns ja auch keine Wartezeit, weil unsere Tochter die ganze Zeit unverändert in unserem Haushalt lebte.

Was hat euch dann erwartet?

Bis die Adoption endlich juristisch beschlossen war, hat es noch vier Jahre gedauert. Zur leiblichen Mutter bestand von Beginn an Besuchskontakt. Immer wieder hat sie sich gedreht und gewunden, hat uns bei einem Termin versetzt, um ihrer Tochter beim nächsten Treffen wieder die Hoffnung auf eine denkbare Zusammenführung zu machen. Dieses uneindeutige Wechselspiel hat unserer Tochter nicht gutgetan, sie war sehr unausgeglichen, konnte sich nicht auf ein Spiel konzentrieren und hat extrem geklammert. Nach sehr vielen Gesprächen mit der Mutter und einem vereinbarten Modell, wie sie auch in Zukunft die Entwicklung ihres Kindes weiterverfolgen kann, hat sie eingewilligt. Seitdem haben wir den gleichen Nachnamen, und das ist nur ein Zeichen dafür, dass endlich unumkehrbar Ruhe eingekehrt ist.

Wie ist es euch weiterhin ergangen?

Unsere Tochter ist inzwischen 14 und besucht die weiterführende Schule mit dem Förderschwerpunkt Lernen. Konzentration ist weiterhin nicht ihre Stärke und auch sonst benötigt sie vor allem in der Organisation ihrer Arbeit und im Lernbereich Deutsch viel Unterstützung. Der Förderschwerpunkt nimmt ihr viel Druck und entlastet uns alle. Wenn ein neues kleines Pflegekind kommt, hat sie ein, zwei Wochen lang mit ihrer Eifersucht zu kämpfen, und muss ihren Platz durch besonderes Einfordern von Aufmerksamkeit sichern, danach kümmert sie sich meist erstaunlich liebevoll und einfühlsam um die Kleinen.

Wie hat sich eure Tochter weiterentwickelt?

Sie ist ein fröhliches, unternehmungslustiges junges Mädchen geworden. Sie hat viele Kontakte, tanzt in ihrer Freizeit und liebt Musik. Ihrer leiblichen Mutter schreiben wir jedes Jahr zu Weihnachten einen Brief und legen ein Foto hinein, auf eine Antwort hofft sie immer noch jedes Mal, meist vergeblich. Es ist stärkend für sie zu sehen, dass sie fest zu uns gehört, was automatisch immer klar wird, wenn Pflegekinder unsere Familie verlassen. Darüber kommen wir gut miteinander ins Gespräch, und das reicht ihr dann auch wieder für eine Weile.

Was hat es für euch und eure Kinder bedeutet, ein Familienmitglied mehr zu sein? Welchen Unterschied hat es gemacht?

Unsere Kinder kennen es schon lange, eine große Familie zu sein. Wir waren ja schon zu fünft, als immer noch mindestens ein weiterer kleiner Mensch mit am Tisch oder im Auto saß, auf dem Boden spielte, ins Bett gebracht wurde, durchs Haus oder den Garten robbte, krabbelte oder lief oder sogar mit uns in Urlaub fuhr. Sie mochten es immer lebendig und laut und voller Ansprache. Von daher hat es für unsere Kernfamilie keinen wirklichen Unterschied gemacht, gewachsen zu sein – wir waren einfach nur stolz, nun eine noch buntere Familie sein zu dürfen.

Welche Rolle spielt für sie und euch ihre Geschichte?

Da sie von Beginn an die Kontakte mit ihrer leiblichen Mutter erlebt und ihren persönlichen Weg schon ziemlich bewusst mitbekommen hat, ist ihre Herkunftsgeschichte sehr greifbar. Das macht es für uns leichter. Wir wussten, auf welche Bedingungen wir uns einließen, konnten klare Erklärungen liefern und uns deutlich abgrenzen, wenn wir es für erforderlich und richtig hielten. Somit ist die Herkunftsgeschichte unserer Tochter eine von all den Etappen auf ihrem Weg bisher, die sie mit zu dem formte, was sie heute ausmacht.

Hast du zum Abschluss einen Tipp für andere Adoptiveltern?

Vielleicht hört es sich so an, als hätte ich gut reden oder sei privilegiert, weil ich ja immerhin schon drei eigene Kinder habe, aber ich würde grundsätzlich für mehr Gelassenheit plädieren. Niemand ist perfekt, auch keine Mutter, und Kinder nehmen keinen Schaden, wenn nicht immer frisch geputzt, gesund gekocht und das beste Freizeitförderprogramm gebucht ist. Für das Wichtigste halte ich eine Mutter, die mit dem Herzen dabei ist, aus dem Bauch heraus – auch mal „falsch" – entscheidet und die authentisch ist. Und ich bin dafür, dass Eltern und Kinder mehr Spaß miteinander haben. Das schweißt zusammen und bildet ein Fundament an gemeinsamen Erinnerungen, das vielen Belastungen standhält.

Würdet ihr diesen Schritt wieder wagen?

Abgesehen davon, dass unser Alter es irgendwann nicht mehr erlaubt, weil wir beide weit in der zweiten Fünfzigerhälfte sind: Wir sind gerade mittendrin.

| Exkurs: Perspektivwechsel

Die Rolle der abgebenden Mutter verdient ein eigenes, umfangreiches Werk. Im Rahmen dieses Ratgebers will ich dazu einladen, einmal die Blickrichtung zu wechseln und Verständnis für die abgebende Mutter zu entwickeln. Nur dann wird es möglich sein, einen guten, respektvollen Ton und wertschätzenden Weg zu finden, mit der Herkunftsfamilie des Kindes und somit seiner Geschichte umzugehen.

Die Gefühlskluft zwischen einer Frau, die sich nichts sehnlicher wünscht als ein Kind, und einer Frau, die ihr Kind abgeben wird, scheint unüberwindbar. Wenn jemand etwas nicht haben oder nicht behalten möchte bzw. kann, um das man selbst verzweifelt kämpft und das bei allem Bemühen, Verzichten und allen Anstrengungen einfach nicht mit Gewissheit zu erlangen ist, kann man dies in der eigenen Situation nicht unbedingt nachvollziehen. Enttäuscht, verzweifelt, wütend, sehnsüchtig, mit der Ungerechtigkeit hadernd – alle Emotionen versperren den Blick auf die andere Seite. Aber jede Frau hat ihren ganz persönlichen Hintergrund. Die folgenden Beispiele sollen das verdeutlichen:

Jenny ist 15 und besucht die Klasse 9 der Realschule. Als sie sich in Leon aus der 10 verliebt und die beiden noch keine fünf Monate ein Paar sind, bemerkt sie, dass sie schwanger ist. Zuerst versucht sie, das geheim zu halten, aber vor ihrer Mutter gelingt es ihr nicht lange. Gemeinsam überlegen sie hin und her, sprechen in der Familie miteinander und suchen eine Schwangerschaftsberatungsstelle auf. Da Jennys Vater seit Kurzem nach einer schweren Erkrankung arbeitsunfähig ist, die Mutter ihre Kräfte für seine Pflege benötigt und Jenny sich selbst noch als Kind sieht und ohne Schulabschluss, Berufsplan und sichere Zukunftsperspektive ist, beschließen sie zusammen, das Baby gleich nach der Geburt in eine Adoptionsfamilie zu geben.

Mira ist alleinerziehende Mutter von drei Kindern, die 7, 4 und 2 Jahre alt sind. Mit viel Glück hat sie eine Teilzeitstelle gefunden, mit der es ihr gelingt, die Familie mit ihrem bescheidenen Auskommen über Wasser zu halten. Ihre Schwester unterstützt sie bei der Kinderbetreuung, denn die in Schule und Kindertagesstätte angebotenen Betreuungszeiten decken den Betreuungsbedarf für ihre Kinder nicht vollständig ab. Nach einer kurzen Beziehung zu einem Mann stellt sie erneut eine Schwangerschaft in der 9. Woche fest. Da all ihre Kapazitäten unmöglich noch für ein viertes Kind ausreichen, eine Abtreibung für sie jedoch nicht infrage kommt, entscheidet sie sich nach umfangreicher Abwägung und Beratung zur Adoptionsfreigabe.

Sarah hat mit ihren 28 Jahren eine lange Suchtkarriere hinter sich. Die Drogen wurden immer härter, vor drei Jahren ist der Versuch eines Entzuges gescheitert. Sie führt abwechselnde Beziehungen mit verschiedenen Partnern, manchmal auch gleichzeitig. Da sie völlig unregelmäßig isst, schläft und ihr Körper keinen Rhythmus kennt, vermutet sie ihre Schwangerschaft erst im 8. Monat. Unvorbereitet bringt sie das Kind spontan zu Hause zur Welt und begibt sich erst danach in eine Klinik, weil ihre Blutung nach der Geburt nicht stoppt. Als ihr kleines Mädchen zwei Wochen alt ist, ist sie dermaßen überfordert und mit den Nerven am Ende, dass sie das Interesse an ihrem Kind gänzlich verliert.

Maria lebt seit zwei Jahren mit einem narzisstischen Partner zusammen, der zum Jähzorn neigt, von dem sie sich jedoch nicht trennen kann. In dieser toxischen Beziehung wird sie nach einem Abend, an dem es nicht einvernehmlich zum Sex gekommen ist, schwanger. So sehr sie sich ein Kind wünscht, weiß sie doch, dass sie ihm unter diesen Umständen keine sichere, liebevolle Mutter nach ihren Ansprüchen und Vorstellungen sein kann. Schweren Herzens entschließt sie sich zur Adoptionsfreigabe, weil sie dies für das Beste für das Kind hält – und nimmt sich wieder einmal vor, nach der Schwangerschaft endlich diesen Mann zu verlassen.

Diese reduzierten, leicht plakativen Beispiele können nur einen Bruchteil der Motive vermitteln, die zur Adoptionsfreigabe beitragen können. Einsichtig, vernünftig oder gezwungenermaßen, allein oder mit einem Partner gemeinsam entschieden, schon Mutter oder bisher ohne Kind, sehr jung, älter, krank oder gesund, zweifelnd oder fest entschlossen und viele Faktoren mehr müssen berücksichtigt werden, ohne einer abgebenden Mutter je gerecht werden zu können. So machen weder Verallgemeinerungen noch Idealisierungen einen Sinn, denn jede Adoptionsgeschichte ist einzigartig. Fest steht nur: Ohne eine leibliche Mutter, was auch immer sie zur Freigabe motiviert hat oder ob für sie gar kein Entscheidungsprozess zugrunde lag, weil andere für sie entscheiden mussten, gäbe es dieses Kind nicht. Respekt ihr gegenüber soll also auch in diesem Buch, das sich an die annehmende Seite wendet, ins Bewusstsein gebracht werden.

Aus dem Tagebuch einer Adoptivmutter

Im Wartezimmer der Kinderwunschpraxis sitzt die Schwester eines Grundschulklassenkameraden mit ihrem Mann und ich denke: Ach guck, die auch. Und nicht mal ein Jahr später springt es mir vom Titel der Lokalzeitung entgegen: Sensation in der Kleinstadt – Drillinge! Und keiner fragt, wie das denn wohl sein kann – die erschöpften, aber überglücklichen Eltern präsentieren stolz ihre drei kleinen Mädchen und die Welt ist in Ordnung. Wieder ein Gewicht mehr in der Waagschale der Ungerechtigkeiten.

Immer sollte es eine Anne sein, später dann eine Mathilda, längst stand da schon fest, dass es sie nie geben würde. Es spukt einfach weiter im Kopf. Und der Schmerz hört nie auf. Mal denke ich, die Narbe ist heil, an guten Tagen ist sie kaum zu sehen und ich fühle mich fast unversehrt. Aber dann erfasst er mich wieder und reißt mich mit – ein Erlebnis im Wartezimmer meiner Frauenärztin, eine Nachricht aus der Nachbarschaft, ein geteilter Eindruck einer Freundin aus der Zeit, als ihre Tochter neugeboren war. Nie war ich das Ziel dieser Umgebungsblicke voller Verständnis, Bewunderung und Rücksichtnahme, die nur Schwangere abbekommen, nie habe ich auf dem Ultraschallmonitor ein kleines Herz schlagen sehen, das meines vor Freude und Rührung ein bisschen aus dem Takt brachte, und nie durfte ich im Babymarkt aus dem Vollen schöpfen und das schönste Kinderwagenmodell aussuchen, das leider auch das teuerste, aber eben perfekt war.

Wir beginnen, uns mit dem Gedanken an Adoption zu beschäftigen. Da es unsere einzige Option ist, lassen wir uns auf den Adoptionsbewerbungsprozess ein – alles ist fern und vage und absagen kann man immer. Wir sehen es mehr als Formalität, um etwas in Gang zu bringen, das fernab von unserer Realität einfach vor sich hin dümpelt, so gut ausgeblendet wie eben möglich. Dabei versuchen wir einen Kompromiss zu finden bei den Angaben, welchen Hintergrund eines Kindes wir uns vorstellen könnten (das Kind einer sehr jungen Teenagermutter? Das Kind einer psychisch kranken Frau? Ein Kind mit bekannten körperlichen Einschränkungen?) oder eben nicht (ein aus Inzest entstandenes Kind? Ein Kind älter als 3 Jahre? Ein durch eine Vergewaltigung entstandenes Kind?), um unsere Chancen nicht auf Null zu senken, aber auch nicht mit dem Gefühl heranzugehen, uns gegen unsere Überzeugung verbiegen zu müssen. Wäre auch eine teiloffene Adoption vorstellbar? Oder der Weg zunächst über ein Pflegekind? Viele Fragen sind rein spekulativ und völlig abstrakt, deswegen treffen wir Aussagen, die es ebenso sind. Wie sollen wir uns vorstellen können, was all das tatsächlich bedeutet? Als wir dann auf der Liste stehen und man uns eine statistische Wartezeit von etwa fünf Jahren in Aussicht stellt, distanzieren wir uns und fragen rein formell in großen Abständen gelegentlich nach, ob sich auf der Warteliste schon etwas getan hat.

Die nächsten Termine finden wieder im Beisein der Sozialpädagogin statt. Und immer bleibt diese Ungewissheit für uns als potenzielle Eltern: An jeder Stelle des Verfahrens kann jeder sagen: Stopp, es passt nicht, wir brechen ab. Und so sollen wir dieses Kind kennenlernen, uns ganz darauf einlassen, ich soll mir vorstellen, meine Berufstätigkeit aufzugeben und alles danach zu richten, aber gleichzeitig muss ich jeden Moment damit rechnen, dass jemand die Reißleine zieht, der diesen Prozess der Anbahnung schon mehrmals und professionell begleitet hat, während er für mich Premiere, einzige und letzte Chance und meine unwiederholbare Realität ist – das ist gerade unser Leben, für das es keine Probe gibt. Wie sollen wir zu lieben beginnen mit der möglichen tödlichen Verletzung dauernd vor Augen?

Der Tag, an dem ich meinem Chef mitteilen werde, dass ich ab übernächsten Montag in Elternzeit gehe, ist gekommen. Ich bin ein bisschen nervös, denn er ahnt nichts davon. Bisher habe ich die ganze Geschichte für mich behalten, ich musste erst ganz sichergehen, dass die Anbahnung uns auch wirklich zu Eltern machen würde. Bei aller Aufregung überwiegt meine Freude, und auch so etwas wie Genugtuung ist dabei: Endlich darf ich, so wie es viele meiner Kolleginnen um mich herum bisher getan haben, legitim und mit dem besten aller Gründe für eine Weile aussteigen. Die Vorstellung, diesen Beruf, für den ich jahrelang mit vollem Einsatz gebrannt habe, nun ruhen zu lassen, um meine ganze Energie unserem Kind zu widmen, hat etwas Beflügelndes.

Ich spiele stundenlang mit Duplo auf dem Wohnzimmerteppich, baue Zoos und Häuser, lasse die Figuren und Tiere sprechen und miteinander agieren. An manchen Tagen fallen mir dabei schon um 9:00 Uhr morgens die Augen zu und ich halte mich gegen die Tränen kämpfend wach in der Hoffnung, dass mein Mann während seiner Arbeit kurz hereinschaut und für ein paar Minuten Abwechslung sorgt, oder dass vielleicht zwischendurch mal das Telefon klingelt. Als die mobile Frühförderung einmal in der Woche kommt, klammere ich mich an sie wie an einen Hoffnungsfaden. Sie bringt Ideen, Unterhaltung, Struktur, übernimmt für eine *dreiviertel Stunde all das, was sonst schwer auf meinen Schultern lastet. Zudem stellt sie meinen einzigen Außenkontakt in einer sehr kargen, einsamen Zeit dar, und zum Glück ist die Heilpädagogin sympathisch, positiv, dynamisch. Sie tut allen gut und bringt Abwechslung, ein bisschen Leichtigkeit und Freude in unser Haus.*

....

Ein Adoptivelternstammtisch. Natürlich sind sie als Paar da. Woher sie den Babysitter haben, bleibt ihr Geheimnis. Sie erzählen von den drei Kindern, die sie schon haben, und von dem einen, das sie eigentlich nur übergangsweise zur Pflege hatten. Ja, und dann hat sich die ganze Familie prompt in das zauberhafte Geschöpf verliebt und jetzt werden sie auch das noch adoptieren – und ihre Augen glänzen vor Freude und Stolz und Liebe. Alle Schwierigkeiten werden gemeistert mit Geduld und Zuversicht und Verständnis. In mir steigt die Abscheu hoch und es steht fest, dass dies mein letzter Abend in dieser Runde war. Dieses unerschütterlich Zuversichtliche, himmelhochjauchzend Selbstbewusste war nie meins – und gerade jetzt kann ich es weniger ertragen denn je.
Die Erinnerung an die Zeit, in der ich dachte, alle Probleme weglieben zu können, schmerzt mich so – jetzt, wo ich weiß, es ist unmöglich. Probleme bestehen, wachsen, verändern sich, und von allen Vorstellungen, die ich so innig hatte, musste ich mich Stück für Stück verabschieden, und ich muss es immer noch.

....

Was sollen wir in einer Schule, die Ort des gemeinsamen Lernens ist, an der die Kollegen vorrangig über Noten motivieren, die unser Kind gar nicht bekommt? Die eine Rückmeldung auf dem Papier nicht annehmen, weil sie sie ausschließlich per digitaler Post erwarten? Die Termine am Elternsprechtag im 10-Minuten-Takt an einem festgelegten Freitag vergeben und dabei noch anmerken, dass sie eigentlich schon ausgebucht sind? Die im Deutschunterricht der Klasse 5 eine Lektüre auswählen, die selbst für Siebtklässler sprachlich und vom Umfang her noch eine Herausforderung ist? Die ein Physikrätsel herausgeben, dass relativ normal gebildete Erwachsene ohne Hilfe des Internets nicht lösen können? Die sich in Biologie im Winter wundern, dass die Kinder für ein Baum-Buch nach rigiden Vorgaben im grauen Matsch auf dem Boden nicht die Blättervielfalt entdecken, die ihren Vorstellungen entspricht? Die nach wiederholten Aufklärungen Noten unter Leistungen von Kindern mit dem Förderschwerpunkt Lernen setzen, was sie offiziell gar nicht dürfen? Die alle Kinder im Textzeugnis für ihr Fach mit den gleichen unsensiblen Formulierungen beschreiben, die inhaltlich nicht mal zutreffen?

....

Mit der Pubertät wachsen die Probleme, die schon so lange riesengroß scheinen. Die Schimpftiraden werden obszöner, die Ablehnung grundsätzlicher und Aggressionen umgeben uns von früh bis spät. Witzige Momente und gemeinsame Erlebnisse ertrinken im Meer der Frustrationen, und am Ende eines Tages bin ich nach wie vor unendlich erschöpft. Gedanken um die Zukunft gilt es häufig auszuschalten, es geht nur in kleinen Schritten, oft nur von Tag zu Tag, sogar von Stunde zu Stunde.
Als Nicht-Mutter ist dir nicht klar, dass Muttersein immer auch Angst zu haben bedeutet. Von außen sieht es so selbstverständlich, einfach, ganz natürlich aus. Aber die Wahrheit ist anders: Angst vor Krankheiten, die Kindern und Eltern Kraft und Schlaf und Zuversicht rauben; vor Menschen, die kein Verständnis für anders tickende Kinder haben und deren Eltern ihre Erziehungskompetenzen absprechen, ohne jemals eine Ahnung zu haben von dem, was dahinter alles steckt; vor Institutionen, die nach Schema arbeiten und in denen individuelle Abweichungen nicht vorkommen dürfen; vor der Zukunft, die für uns alle ungewiss und nur wenig planbar ist, unter den Vorzeichen aber so viele Fragezeichen und Unwägbarkeiten mehr bereithalten wird; vor der Perspektive, mit dem Gefühl versagt zu haben irgendwann kapitulieren zu müssen, weil Liebe nicht gereicht hat.

| Ausblick

Zukunftswunsch

Wie wunderbar wäre das, wenn Adoptivfamilien keinen Gedanken mehr daran verschwenden müssten, ob und wem sie wann von ihrer Entstehung berichten. Wenn zwei große Menschen, die mit einem kleinen Menschen, der offensichtlich nicht von ihnen abstammt, den Raum betreten, nicht ungehemmt angestarrt würden. Wenn nicht mehr ein bisschen Tabu daran kleben würde, dass zwei auf biologischem Wege kein Kind bekommen konnten. Wenn über die Herkunftsgeschichte nicht hinter vorgehaltener Hand gemunkelt würde, sobald ein Kind nicht bei seinen leiblichen Eltern leben kann. Wenn Adoptiv-, Regenbogen-, Patchworkfamilien und alle anderen Familienformen auch selbstverständlich wären, in denen Menschen miteinander leben, die sich nah, miteinander fröhlich, traurig, ernst und albern sind, die sich streiten und versöhnen, die teilen und konkurrieren, Fehler machen, sich entschuldigen und verstehen, nachgeben und beharren und die stark füreinander empfinden – meistens Liebe.

Blick über die Grenzen

In Deutschland wurden im Jahr 2021 insgesamt 3.843 Kinder adoptiert. Davon waren zwei Drittel Stiefkindadoptionen, d. h., die Kinder wurden innerhalb der eigenen Familie adoptiert, z. B. vom neuen Partner der Mutter. Ungefähr jedes dritte Kind war zwischen 1 und 2 Jahre alt, die anderen älter.

In anderen Ländern, z. B. in den USA oder in Großbritannien, gelten andere Rechtsvorschriften zur Adoption. Vergleichbare Statistiken zu Deutschland gibt es nicht. Das liegt vermutlich daran, dass in den USA in allen Bundesstaaten eigene Gesetze gelten, der Anteil der Auslandsadoptionen größer ist und Adoptionsagenturen „gemeinnützig oder profitorientiert" sein können. Das macht den „Markt" unübersichtlicher, und insgesamt zählen die USA zu den Ländern mit den meisten Adoptionen weltweit. In Großbritannien wird in der Statistik zwischen den einzelnen Landesteilen unterschieden und das Pflegekinderwesen nimmt mehr Raum ein, deswegen ist auch dieser Vergleich hinkend. Es gibt jedoch trotz der steigenden Anzahl der Kinder, die nicht in ihrer Herkunftsfamilie groß werden können, in GB eine Bestimmung, die die eher niedrige Anzahl der Adoptionen erklärt:

„What perhaps people misunderstand, is that in the UK, adoption happens out of the care system. Unlike America, we have no private services matching pregnant women with prospective parents, like you might have seen in Chandler and Monica's storyline in Friends. In order for a child to become available for adoption, they have first to have been identified by social services as at risk of neglect or harm. Relinquished babies are incredibly rare."

(Sakaynah Hunter)

„Was die Leute vielleicht missverstehen, ist, dass in Großbritannien Adoption außerhalb des Pflegesystems geschieht. Im Gegensatz zu Amerika haben wir keine privaten Dienste, die schwangere Frauen mit zukünftigen Eltern zusammenbringen, wie Sie es vielleicht in der Geschichte von Chandler und Monica in Friends gesehen haben. Damit ein Kind zur Adoption freigegeben werden kann, muss es zunächst von den Sozialdiensten als von Vernachlässigung oder Schädigung bedroht identifiziert worden sein. Zur Adoption freigegebene Babys sind unglaublich selten." (Übersetzung der Autorin)

In Großbritannien ist es also unumgänglich, dass britische Adoptiveltern sich mit den Folgen von Vernachlässigung, Verwahrlosung und anderen Erfahrungen mangelnder elterlicher Fürsorge und Kompetenz auseinanderzusetzen haben. Auch die Tatsachen, dass die betroffenen Kinder oft nur in Geschwisterkonstellationen vermittelt werden, und/oder besondere Bedürfnisse mitbringen, spielen eine Rolle. Wenn ein Kind zuerst als Pflegekind bei Eltern gelebt hat, sind diese vor der endgültigen Entscheidung zur Adoption praktisch vorbereitet und können die Situation realistisch einschätzen.
Was ich jedoch unbestritten inspirierend und bewundernswert finde, ist der offene Umgang mit der Entstehung einer Familie durch Adoption. Für manchen Geschmack mag es übertrieben wirken, wie in den USA einige Menschen vor allem als Eltern, aber auch als Kinder ihre Adoption nach außen präsentieren. Wenn man es lauter, bunter und greller mag und die Selbstdarstellung liebt, trägt man es dort in die Öffentlichkeit. Aber: Sich nicht verstecken oder gar schämen zu müssen, sondern – genau wie bei einer Schwangerschaft – Vorfreude empfinden und zeigen zu dürfen, vorsichtig, aber fühlbar, halte ich für einen großen Schritt zum natürlichen, authentischen, selbstbestimmten Paar- und Familienleben.

Das kann mit der Information über den Beginn des Warteprozesses beginnen. Nicht jede traumhaft gefeierte, romantische Hochzeit führt zu einer glücklichen, dauerhaften Ehe. Warum sollen nicht auch Adoptivbewerber ein bisschen träumen und mit Worten und Bildern kreativ werden dürfen?
Ein wundervolles Beispiel habe ich bei einem amerikanischen Fotografen gefunden:
http://tannerburgephoto.com/blog/2018-a-year-of-stories

Und weiter kann es mit der Botschaft gehen, dass die Familie um ein Kind reicher geworden ist – so wie Geburtsanzeigen völlig selbstverständlich und voller Stolz verschickt werden.
Zum Beispiel unter momtastic.com gibt es unzählige fantastische, herzergreifende, originelle, kreative Ideen, mit denen sich die Nachricht ganz individuell verbreiten lässt.

Viele Familien feiern das Datum der Adoption („Adoption Day") ebenso wie den Geburtstag des Kindes. Gründe zum Feiern kann es nie genug geben, und so würdigt man im Bewusstsein der ganzen Familie diesen für alle besonderen Tag, der zur gemeinsamen Geschichte untrennbar dazu gehört. Wenn er jedoch eher schmerzliche Erinnerungen weckt oder dieses Thema für Konfliktstoff sorgt, sollte man ruhigen Gewissens darauf verzichten.

Literaturverzeichnis

Bowlby, John: Frühe Bindung und kindliche Entwicklung. Ernst Reinhardt Verlag, München, 8. Auflage 2021

Bundesministerium für Familie, Senioren, Frauen und Jugend: Ein Kind adoptieren. Rechtliche Informationen und Hinweise. Berlin, 2021

Bundeszentrale für gesundheitliche Aufklärung: https://www.bzga.de/presse/pressemitteilungen/2019-09-03-bzga-zum-tag-des-alkoholgeschaedigten-kindes/ [letzter Zugriff: 15. März 2023]

Frauenärzte im Netz: https://www.frauenaerzte-im-netz.de/ [letzter Zugriff: 24. Februar 2023]

Haury, Kerstin; Loerke, Sigrid; Stapelmann, Jürgen; Zimmerling, Heike: Praxisbuch Adoption. Psychologische und soziale Besonderheiten bei Adoptivfamilien. Beltz Juventa, Weinheim, 2020

Hunter, Sakaynah: The UK's Adoption Industry Is In Crisis, https://www.elle.com/uk/. [letzter Zugriff: 03. November 2022]

Klemm, Gertraud: Muttergehäuse. Kremayr & Scheriau GmbH & Co. KG, Wien, 2. Auflage 2016

Leipholz, Sabine; Kamphausen, Uwe: Das FASD-Elternbuch. Hilfen und Strategien für Eltern und Kinder. Schulz-Kirchner Verlag, Idstein, 2020

Levine, Peter A.; Kline, Maggie: Verwundete Kinderseelen heilen. Wie Kinder und Jugendliche traumatische Erlebnisse überwinden können. Kösel, München, 12. Auflage 2020

Pohl, Teresa: Sekundäre Traumatisierung. https://intrapsychisch.de [letzter Zugriff: 03. Juli 2022]

Riedle, Herbert; Gillig-Riedle, Barbara; Riedle, Brigitte: Adoption. Alles, was man wissen muss. TiVan Verlag, Würzburg, 1. Auflage 2019

Wallraff, Doris; Thorn, Petra; Wischmann, Tewes (Hrsg.): Kinderwunsch. Der Ratgeber des Beratungsnetzwerkes Kinderwunsch Deutschland (BKiD). W. Kohlhammer GmbH, Stuttgart, 2., aktualisierte Auflage 2022

Weinberg, Dorothea: Verletzte Kinderseele. Was Eltern traumatisierter Kinder wissen müssen und wie sie richtig reagieren. Klett-Cotta, Stuttgart, 3. Auflage 2017

Weitere Literaturempfehlungen

Flyer mit grundlegenden Informationen:

- **„Damit Kinder ihren Platz haben – Informationen für künftige Adoptiv- und Pflegeeltern“**, Zentrale Fachstelle für die Adoptions- und Pflegekinderdienste in katholischer Trägerschaft, gefördert vom Bundesministerium für Familie, Senioren, Frauen und Jugend. Dortmund. Aktualisiert Juli 2021

Die folgenden beiden englischen **Bücher** haben mir auf andere Weise ebenso sehr geholfen wie der Roman von Gertraud Klemm. Ich würde sie als Kombination aus Erfahrungsbericht und Fachliteratur bezeichnen, vor allem für Adoptiveltern, deren Kinder Vernachlässigung und Traumatisierung erlebt haben. Es werden Dinge angesprochen, die ich in keinem anderen Werk so anschaulich gelesen habe:

- Donovan, Sally: **No matter what – An Adoptive Family's Story of Hope, Love and Healing**, Jessica Kingsley Publishers, 2013
- Donovan, Sally: **The Unofficial Guide to Adoptive Parenting – The Small Stuff, The Big Stuff and The Stuff In Between**, Jessica Kingsley Publishers, 2015

Die folgenden **Bücher** eignen sich, um mit Adoptivkindern über ihre Geschichte und die Familiensituation ins Gespräch zu kommen:

- Engler, Michael; Swaney, Julianna: **Das Alles ist Familie**, arsEdition, 2021
- Hildebrandt, Anette; Kundert, Almud: **Mit Dir sind wir eine Familie – Eine Adoptionsgeschichte**, Ravensburger Verlag GmbH, 2020
- Tawn Bergren, Lisa: **God Found Us You**, Harper Blessings 2009
- Zimmermann, Silke: **Elia hat zwei Mamas – Ein Kinderbuch von Adoption und Anderssein**, Verlag DeBehr, 2021

Für absolut sehenswert, weil interessant, informativ und auf Erfahrungen basierend, halte ich folgende **Dokumentation**:

- **„Wir haben adoptiert“**, ARD Mediathek, dreiteilige Dokumentation, Teil 1: „Schwierige Geburt – Unerfüllter Kinderwunsch“, Teil 2: „Wir treffen unser Kind – Ab jetzt Eltern“, Teil 3: „Kinder mit Vorgeschichte – Was drin steckt, steckt drin“

Nachfolgend gibt es die dreiteilige **Dokumentation**:

- **„Wir sind adoptiert“**. In dieser Dokumentation schildern inzwischen erwachsene Adoptivkinder ihre ganz unterschiedlichen Geschichten aus ihrer heutigen Sicht. Folge 1: „Irgendwie anders“, Folge 2: „Der Schlüssel für alles“, Folge 3: „Eigen Fleisch und Blut“

| Adressenauswahl von in Deutschland anerkannten Adoptionsvermittlungsstellen

- Adoptionszentrale des Diakonischen Werkes
  Stephanienstraße 34
  40211 Düsseldorf
  Tel. 0211 60101113
  https://www.diakonie-duesseldorf.de

- Adoptionszentrale des Sozialdienstes katholischer Frauen (Caritasverband)
  Agnes-Neuhaus-Str. 5
  44135 Dortmund
  Tel. 0231 528126
  http://www.skf-zentrale.de

- Verein Eltern für Kinder e. V.
  Burgdorfstraße 1
  13353 Berlin
  Tel. 030 46507571, Fax 030 4614520
  www.efk-adoptionen.de

- AdA – Adoptionsberatung e. V.
  Walderdorffer Hof
  Fahrgasse 5
  65549 Limburg
  https://www.ada-adoption.de

Auf der Website des Bundesamtes für Justiz findet man alle Zentralen Adoptionsstellen der Landesjugendämter:

- https://www.bundesjustizamt.de/DE/Themen/Familieinternational/Adoption/Anschriften/Landesjugendaemter/Landesjugendaemter_node.html

Dank

Alle den Kapiteln vorangestellten Zitate stammen aus dem Roman „Muttergehäuse“ von Gertraud Klemm. Dieses Buch hat mich begleitet, getröstet und durch alle Krisen und Verzweiflung getragen. Noch immer nehme ich es fast täglich zur Hand und bin dankbar, dass eine starke Frau aus Salzburg ihre Empfindungen und Erfahrungen so offen, deutlich und ungeschönt zu Papier gebracht hat und ich mich nicht alleine wissen darf. **Danke!**

Allen befragten Adoptivmüttern und -vätern danke ich für die Ehrlichkeit, mit der sie ihre Erfahrungen mitgeteilt und reflektiert haben.

Meinen liebsten Menschen danke ich dafür, dass sie mich beim Einschlagen meines neuen beruflichen Weges bestärkt haben und es weiterhin tun.

Und ein nie endendes Danke an unsere Freunde in Nienberge, Elmpt und Overhetfeld, bei denen unserem Sohn Türen und Herzen offenstehen.